非物质文化遗产再创意

袁洪业 刘明文 张 香 著

西南大学出版社
国家一级出版社 全国百佳图书出版单位

图书在版编目（CIP）数据

非物质文化遗产再创意 / 袁洪业，刘明文，张香著. —— 重庆：西南大学出版社，2024.7
ISBN 978-7-5697-2409-7

Ⅰ.①非… Ⅱ.①袁… ②刘… ③张… Ⅲ.①非物质文化遗产 – 研究 – 中国 Ⅳ.①G122

中国国家版本馆CIP数据核字（2024）第109204号

非物质文化遗产再创意
FEIWUZHI WENHUA YICHAN ZAICHUANGYI

袁洪业　刘明文　张　香 / 著

选题策划 | 龚明星　戴永曦
责任编辑 | 徐庆兰
责任校对 | 邓　慧
装帧设计 | 闽江文化
排　　版 | 闽江文化
出版发行 | 西南大学出版社（原西南师范大学出版社）
网上书店 | https://xnsfdxcbs.tmall.com
地　　址 | 重庆市北碚区天生路2号
印　　刷 | 重庆恒昌印务有限公司
成品尺寸 | 185 mm×260 mm
印　　张 | 10
字　　数 | 252千字
版　　次 | 2024年7月 第1版
印　　次 | 2024年7月 第1次印刷
书　　号 | ISBN 978-7-5697-2409-7
定　　价 | 62.00元

序言

2023年6月，习近平总书记在文化传承发展座谈会上的重要讲话中提出："在新的起点上继续推动文化繁荣、建设文化强国、建设中华民族现代文明，是我们在新时代新的文化使命。"新的文化使命是人类现代文明的属性，人类文明是创意的产物。人类在认知世界和创造世界的过程中不断创新、文明创业，逐渐形成完整的创意产业。创意是破旧立新的创造与继往开来的构思意识，文明的进程离不开文化的创造、形成、实践和创意的过程——文化创意（简称"文创"）。文创产业是一种在全球经济高速发展背景下产生、以"创意力"为核心的新兴产业，强调的是创造力与新科技手段的融合。在历史长河中，非物质文化遗产成为文化中的一部分。非物质文化遗产在传承发展中，成为中国地域文化经济增长的重要力量之一，它涉及造型艺术、表演艺术、传媒艺术、设计艺术、生活服务等多方面。近年来，"非遗文创"成为人们追捧的热门词汇，在国内外掀起了一股热潮。然而，在非遗文创的创意、生产、销售等环节，因为缺乏系统的方法、没有专业性指导、文化底蕴和创意思维不健全等因素，许多非遗文创成为市场的"消耗品"，导致了资源的浪费。

非物质文化遗产传承与保护方面的专业书籍比较多，创意设计方面的专业书籍更多，但是将两者结合起来的专业教材少之又少。学生、教师上课时没有专业教材。故笔者结合实际情况，构思本书内容。本书围绕课堂需要和市场需求，从不同学科视角，选取非遗文化资源、内容创意、文创设计、市场推广、创新创业等各个环节，探讨非物质文化遗产再创意的发生和发展规律，探寻非遗文化与经济的融合机理，探求非遗文化的创造性路径，让非遗文化成为助力乡村振兴的新途径。

  本书共分为六个部分。第一章是非物质文化遗产再创意的教学计划，重点讲解教学安排和教学目的、教学内容、教学重难点、教学方式和教学考核；第二章是非物质文化遗产技艺到记忆：怀旧新创意，选取不同类别的非遗项目进行创意过程的讲解，列举蜡染为研究案例；第三章是非物质文化遗产个性到共性：沉浸式体验，选取编织为研究案例进行阐释；第四章是非物质文化遗产内部到外部：产业新融合，以剪纸的创新创业为例进行讲解；第五章是非物质文化遗产生产到传承：内核续衍生，以木版年画为例进行详细解读；第六章是非物质文化遗产传统到现代：诗意与美学，以二十四节气作为案例进行展示。

  本书具有突出的特点。一是创新性，体现在对非物质文化遗产研究再创意的前瞻性，着眼于"十四五"规划，在撰写过程中有对过去知识点的提炼，将新知识、新思路、新科技等与非遗进行融合，以期让读者从中受到启发。二是系统性，结合非物质文化遗产不同类型，根据章节主题选取代表性案例进行系统的创意思路展示，根据非遗对象自身特点加上创意点子，完成"从0到1"的创意路径练习。三是可读性，本书充分考虑了所服务的广大读者，选取具有故事性、娱乐性、参与性的非遗项目进行示范性讲解，深入浅出，通俗易懂，可赏可读。书中图文并茂，让学理更清晰，实践更真实，再加上现代观点，对读者更有吸引力。

  非物质文化遗产的传承与传播，少不了优秀学者的百家争鸣。尽管笔者为本书的完成付出了极大的努力，但错误和疏漏之处仍在所难免，在此恳请专家、学者和广大读者指正。

目 录
CONTENTS

第一章 教学计划 / 001

第一节 教学安排和教学目的 / 002
第二节 教学内容 / 003
第三节 教学重难点 / 005
第四节 教学方式和教学考核 / 006

第二章 技艺到记忆：怀旧新创意 / 009

第一节 相关概念 / 010
第二节 传统与现代的对比梳理总结 / 018
第三节 创意运用：设计中的景观还原与地域展示 / 024
第四节 案例分析：蜡染——指尖上的破茧重生 / 027

第三章 个性到共性：沉浸式体验 / 039

第一节 相关概念 / 040
第二节 感官与心理交织 实现全面沉浸式体验 / 043
第三节 创意运用：元素提取实现多元体验可能性 / 048
第四节 案例分析：编织——元素分解中的现代运用 / 063

第四章 　内部到外部：产业新融合 / 073

第一节　相关概念 / 074
第二节　多形式打造非遗产品融合体系 / 077
第三节　创意运用：内外资源的多维度融合 / 083
第四节　案例分析：剪纸——千年技艺 剪映初心 / 087

第五章 　生产到传承：内核续衍生 / 097

第一节　相关概念 / 098
第二节　掌握非遗内核：衍生产品对接外部需求 / 102
第三节　创意运用：文化内核赋予时代寓意 / 105
第四节　案例分析：年画——多主题设计的形式凸显 / 112

第六章 　传统到现代：诗意与美学 / 123

第一节　相关概念 / 124
第二节　观念的技艺与现代记忆的碰撞 / 129
第三节　创意运用：跨界合作触发传统中的现代主义 / 133
第四节　案例分析：二十四节气——抽象概念到现实生活的诗与美 / 139

参考文献 / 151

后记 / 153

·非物质文化遗产再创意·

第一章 教学计划

第一节 教学安排和教学目的
第二节 教学内容
第三节 教学重难点
第四节 教学方式和教学考核

第一节 | 教学安排和教学目的

一、教学安排

1. 课程名称：非物质文化遗产再创意
2. 课程总课时：38 课时
3. 课程年级：二年级、三年级
4. 课程性质：专业课程

课时安排（总课时：38 课时）

章	课程内容		课时	合计
第一章 教学计划	第一节	教学安排和教学目的	1	4
	第二节	教学内容	1	
	第三节	教学重难点	1	
	第四节	教学方式和教学考核	1	
第二章 技艺到记忆：怀旧新创意	第一节	相关概念	1	6
	第二节	传统与现代的对比梳理总结	1	
	第三节	创意运用：设计中的景观还原与地域展示	2	
	第四节	案例分析：蜡染——指尖上的破茧重生	2	
第三章 个性到共性：沉浸式体验	第一节	相关概念	1	7
	第二节	感官与心理交织 实现全面沉浸式体验	2	
	第三节	创意运用：元素提取实现多元体验可能性	2	
	第四节	案例分析：编织——元素分解中的现代运用	2	
第四章 内部到外部：产业新融合	第一节	相关概念	1	7
	第二节	多形式打造非遗产品融合体系	2	
	第三节	创意运用：内外资源的多维度融合	2	
	第四节	案例分析：剪纸——千年技艺 剪映初心	2	
第五章 生产到传承：内核续衍生	第一节	相关概念	1	7
	第二节	掌握非遗内核：衍生产品对接外部需求	2	
	第三节	创意运用：文化内核赋予时代寓意	2	
	第四节	案例分析：年画——多主题设计的形式凸显	2	
第六章 传统到现代：诗意与美学	第一节	相关概念	1	7
	第二节	观念的技艺与现代记忆的碰撞	2	
	第三节	创意运用：跨界合作触发传统中的现代主义	2	
	第四节	案例分析：二十四节气——抽象概念到现实生活的诗与美	2	

二、教学目的

本课程主要是让学生深入学习和研究非物质文化遗产项目,通过系统学习,增强学生对本土非遗文化的认知,培养学生对非遗文化的认同感。为什么选取非遗来做再创意研究?为什么要传播、传承非遗?习近平总书记强调,要让收藏在博物馆里的文物、陈列在广阔大地上的遗产、书写在古籍里的文字都活起来。习近平总书记还指出,中华文化源远流长,积淀着中华民族最深层的精神追求,代表着中华民族独特的精神标识。传承中华文化,绝不是简单复古,也不是盲目排外,而是古为今用、洋为中用、辩证取舍、推陈出新,摒弃消极因素,继承积极思想,"以古人之规矩,开自己之生面",实现中华文化的创造性转化和创新性发展。习近平总书记的这些重要论述为非遗的保护、传承与传播提出了要求,指明了方向。

随着非物质文化遗产越来越受重视及其与现代生活结合的迫切性不断加强,国内高校陆续开设非物质文化遗产相关专业,高校文化产业管理专业、创意设计类专业等均走向"专业+非遗"趋势。这就要求各高校培养与非遗创新相适应的人才。学生既要有手艺,也要有情怀,传承传统匠人精神,成长为具有"双创"精神的技术型人才。

怎么让非遗活起来?如何实现创造性转化与创新性发展?

答案是培养好下一代学生,让他们对非遗文化项目进行再创意设计,让非遗真的活起来,强化非遗的生命力。对非遗的文化内涵进行深层挖掘,在学习过程中引导学生自主地将非物质文化遗产的理论知识和实践相结合;在实践过程中,培养学生的民族情怀,让学生充分发挥自己的想象力和动手操作能力,进行非物质文化遗产再创意,把学生培养成独立创意人。非遗文化在学习与实践中获得传承与传播,促进文化自信、自强,这是本课程的教学目的。

第二节 教学内容

一、工艺技巧

本课程注重我国非遗民间传统技艺的理论研究和当下优秀传统手工艺的关系,一方面从不同的角度探索非遗民间传统技艺发展的历史线索,另一方面对非物质文化遗产的概念、分类、价值、现状等方面进行了梳理,为本课程提供了学术支持。教材中选取多项非遗物件进行了专业研究,通过案例分析可以看到非遗项目创意设计发展过程、设计构思过程、设计理念应用方法、设计成品在生活中的运用等。非遗工艺技巧纳入大学专业课程,对非遗文化的发展和传承具有重要意义。

二、设计软件

设计软件是学生必学的设计工具,在对非物质文化遗产进行再创意时,会用到不同的设计软件,如平面设计软件PS,通过平面软件进行图画处理,可以快速看到效果图。学生要学会的设计软件比较多,有AI、CorelDRAW、CAD、ID等设计软件。学生根据设计需要,选择相应的设计软件表达自己的设计理念,完成创意作品。

三、创意路径

以"再创意"理论为基础,在技艺和文化内涵不变的前提下,对非遗传统技艺进行创新设计,创造出既能体现传统文化寓意和精髓,又能展示出现代文化审美意向和当代艺术价值的产品。在新时代背景下,以当代的文化视角对传统文化进行重新解读,对非遗传统手工艺进行创造性转化,对学生进行创意思维的训练,让创意无处不在。探寻非遗传统手工艺的传承和创新发展之路,具有重要的学术价值。

四、思维训练

本课程十分注重学生的逻辑思维训练,在教学过程中,会针对学生的创意设计思维进行培养,积极引导学生自主创意的能力,帮助学生将创造力运用于实际的作品当中,对适应当今社会需求的非遗作品进行再设计。创意是创造意识或创新意识的简称。"创意"这一概念有多层含义,最基本的含义是指创造性的主意,一个好点子。它既是一个静止的概念,又是一个动态的过程。

创意具有新颖性和创造性的特点,能够创造出更大的效益,包括物质的和精神的效益。它是人的一种创造性的、突破传统思维的活动,将带来经济价值。它源于社会生活,能促进社会发展。创意的产生离不开创意思维的训练,如何训练创意思维成为一项重要的研究课题。

直觉在科学、工程与人文科学中具有重要作用,而审美直觉是设计创作的思维之源和根本方法。无论是从事科学还是艺术设计,都需要训练直觉,增强创意思维。如何培养创意思维呢?这就有必要认识创新意识的训练规律,包括以下四种方式。

1. 跨界思维

跨界思维是将不同的事物、领域、空间、时间等综合起来,也可以称为全局性思维。不同性质的事物、领域、空间往往是互不相容的。跨越不同领域、时空让事物融合在一起,会形成新事物。正是跨界思维发现了异质同构的事物结构原理,这种思维方式对于当今错综复杂的社会关系、文化结构、艺术现象等具有深刻的现实效应。在非物质文化遗产创意领域,跨界思维使设计师、创意人、传承人等打破传统的惯性和规律,打破各种条条框框,开发全新的创意设计产品。

2. 逆向思维

什么是逆向思维?简单说就是对常识、常规的反向思维,把正常的思维模式反过来思考。人的思维活动受常识惯性支配,虽然经验与规范保障着事业的成功,但是规范性形成套路和陈规,就反而成了新思维、新事物的障碍。社会发展需要改革创新,需要与时俱进。一切的突破和创新,都需要逆常规而思。如果人类总是在经验中重复过去,那么未来发展何在?事物按类型、功能、属性、特征而划分,在长时间的发展中没有变化,就形成了既定的规范和经验。创意活动往往就要颠覆这些类型、功能、属性、特征,从反向去思考。

3. 联想思维

联想思维是创意思维的一种重要形式,是一种由此及彼、由表及里的思维,是人们通过一件事情的触发而转移到另一件事情上的思维。联想思维体现出思维的活跃性,它不是一般性地思考问题,而是思考的深化,是由此及彼的思考。人的思想受到某种刺激或在某种特定的环境下,通过回忆可以产生不同类型的联想。相似联想是指思维主体把所有与自己有一定联系的对象全部储存于自己的大脑中,凭借个人经验和相关知识积累寻找相似之处的联想。在创意的过程中,设计师将创意设计与生活中的相关事件或事物相联系，并注入一定的创意元素，进行比较思考，这种方式就属于从某一个点出发寻找一定联系的相似联想。对比联想是指思维主体将所考虑的问题储存于大脑中，通过与大脑中原有的相关答案和处理方式进行对照的联想。这种联想存在着多种对照方式，可能是正面的对照联想，也可能是反面的对照联想，或是正反皆有的双面型对照联想，这种联想的发生过程具有很大的挑战性、新颖性和独特性。

4. 超越思维

人们对现实事物的认识是限于既定经验，而超越思维会赋予现实事物更多、更深的含义。超越思维在哲学、科学、艺术领域都起着重要作用。非物质文化遗产再创意需要超越思维，以洞察人类精神的博杂与局限，提升人们认识世界的精神境界，启迪人类进行更高价值、更深层面的创造。历代圣贤无不以他们独特的超越思维能力引导社会发展，如孔子、柏拉图、康德、牛顿、爱因斯坦、凡·高等，他们点燃超越之光，使人类不致沉迷于眼前。这种思维表现赋予艺术创意和形式新思想，使艺术作品对人类产生价值意义。

第三节 | 教学重难点

一、教学重点

1. 理解概念

非物质文化遗产再创意的理论知识是结合人类学、设计学、美学、文学等学科而形成的专业知识，它是多学科跨界融合形成的新文科。而设计学只是单纯强调设计构成、设计理论、操作实践、设计应用等问题，而非物质文化遗产再创意教学强调的是在"文化本质的认知＋设计原理＋手艺思想"等基础上形成新的设计作品。

2. 理论再创意

本书针对不同的非物质文化遗产项目进行阐述，用图文形式开启学生的再创意思维。理解概念，应用概念，从简单的产品再创意到复杂的城市再创意，实现创意无处不在的目标。通过文案、制图、AI 设计等形式呈现设计思维，在设计中找到适合社会需要的文旅新产品、品位价值高的生活用品、沉浸式的游戏产品等非遗文创产品。文创产品从设计到市场验证环节要进行前期的市场调研，确保文创产品被市场接受，同时根据市场要求不断完善，使文创产品更加完美。

二、教学难点

1. 美育建构

非遗项目种类繁多，学生可以选取自己熟知的进行专业梳理，通过理论知识的学习，再应用到再创意中去，创制出相应的新概念、新思维、新作品，填补理论和设计领域的空白，增加创意设计的新范畴。在再创意教学、案例教学中不断丰富学生的美学、创意学知识，让学生建构自己的思维，从而运用到专业再创意设计中。

2. 创意应用

作品设计完成后获得市场认同也有一个过程，好的产品加好的创意设计才能长久生存。比如茅台酒的包装设计，经典的内外包装，色彩的运用、飞天图案的选取等均具有代表性。茅台酒从内到外，体现了文化厚度、中国特色、设计简练、色彩明快、效果突出。茅台酒的品质给消费者留下了深刻的印象，设计师根据茅台酒的特点再创意出系列文旅产品，如茅台冰淇淋，增加了茅台酒的文化价值和经济价值。好的创意设计作品可以带动系列产业链条，提升品牌价值。通过这样的案例，学生能更好地进行再创意，把自己好的创意点子，通过设计、具体实施等，运用到现实中来。

第四节 教学方式和教学考核

一、教学方式

1. 媒体演示

教材中有专业课件模板、影像演示等数字教学资源，教师、学生在学习前可以提前进行专业知识的学习和准备工作。教师可以根据当地文化与艺术资源，进行内容的扩充，或可根据自己的理解进行完善，根据实际情况制作课件和讲解。

2. 课堂讨论

讨论教学法是在教师、非遗传承人、技术人员的指导下，以学生讨论为主的一种教法。教师指定自学内容，让学生提前浏览，逐条地去理解概念等理论部分。学生与教师结合案例展开讨论，最后总结，教师再针对理论部分和案例应用进行点评、总结。

3. 分组探讨

每组学生有各自的侧重点，待讨论时，指定组长，自选主讲人，其他成员自由补充。分组讨论也是根据案例进行。在教师的启发和指导下，学生对主讲的内容进行阐述，在相互讨论之后，由主讲人或教师归纳出结论。

4. 集中演示

教师、非遗传承人等在上课时运用教具或现有作品，对学生进行直观教学，或在空间领域进行现场演示，使学生通过观察演示的内容获得知识。集中演示方法多样，如视频呈现、图片或动画展示、优秀作品展示等。课程内容需要到作坊、工厂等生产空间进行创作，所以要求专业技术人员进行统一演示，学生在教师、专业技术人员同意后方可进行创作。

5. 分组练习

分组练习有教师组织分组、学生自行分组、随机分组等形式。学生自己选择合作伙伴，并根据每位同学的特点进行密切合作，以激发学生学习的积极性和主动性。分组练习也是为了更快、更好地完成练习。教师、专业技术人员在每组中的作用非常重要，不仅可以提高学生的参与度，还能保证任务有效地完成。

6. 独立创作

每位学生根据自己的创作思路进行创作，把自己的构思通过材料、手法、方案等形式表现出来，教师根据作品效果打分。独立创作也是学习成效的最终体现。

二、教学考核

教学考核主要是考查艺术作品或创意文本。可以根据教师要求完成作品或学生根据个人爱好进行创意设计。创意文本根据教师要求或学生自己选择项目进行设计。课堂学习评价主要考核学生的出勤率、参与度和对基础知识、技能的理解运用情况。艺术实践评价主要考核学生在学习过程中融合理论知识与艺术实践的成效。学生的最终作品或样品从审美设计、艺术特性、功能成效、文化品位等多方面进行评分。文案创意、策划作品根据方案创意的完整性、时效性、新颖性、艺术性等特点进行评分。

本课程的考核总成绩 = 随堂创作 50%+ 期末作品 50%。其中，随堂创作是每一章结束后，学生按教学要求提交的作品。所有的课堂作业占平时分的 40%，剩下 10% 由学生的出勤、课堂表现等综合评价给出成绩。期末作品为学生根据教学要求设计出符合该课程的作品，并由任课教师组织数名教师对作品进行集体评分。最后，由教师结合学生的期末作品效果和随堂作业的综合表现来评定其课程考核成绩。

第二章 技艺到记忆：怀旧新创意

第一节 相关概念
第二节 传统与现代的对比梳理总结
第三节 创意运用：设计中的景观还原与地域展示
第四节 案例分析：蜡染——指尖上的破茧重生

第一节 相关概念

一、手工技艺

习近平总书记强调:"历史文化遗产承载着中华民族的基因和血脉,不仅属于我们这一代人,也属于子孙万代。要敬畏历史、敬畏文化、敬畏生态,全面保护好历史文化遗产,统筹好旅游发展、特色经营、古城保护,筑牢文物安全底线,守护好前人留给我们的宝贵财富。"习近平总书记关于历史文化遗产保护的重要指示,为新时代文物事业与文化遗产的保护确立了基本方针,指明了前进方向。文化遗产保护工作有着特殊的使命与责任。在《保护非物质文化遗产公约》中,非物质文化遗产指被各群体、团体、有时为个人视为其文化遗产的各种实践、表演、表现形式、知识和技能及其有关的工具、实物、工艺品和文化场所。(图2-1)非物质文化遗产是文化经济的重要组成部分,高校教育者有责任和义务保护好、传承好、利用好非遗文化。

非遗传承是以人为载体的可延续的文化传递过程,通过技艺、经验让非遗渗透到文化持有者的衣食住行中。非遗的传承有利于促进文化的多样性。随着时代和社会环境的变化,非遗传承的方式也发生了一定的转变。本章就以手工技艺的变化来进行介绍,并从衣食住行中找到变化规律,让更多人知道非遗文化在生活中的重要性。(图2-2)通过讲解非遗文化知识,让学生认识非遗文化,传承非遗文化,创意设计非遗文化,从而传播好非遗文化。非遗文化知识在新时代、新空间中发生了不同形式的变化,并转变成非遗经济。非遗产品成为消费者认同的文化产品,非遗经济自然就成为一种经济产业结构。

1. 传统手工技艺

卢梭说,在人类所有一切可以谋生的职业中,最能使人接近自然状态的职业是手工劳动。手工艺是我国传统文化的一个重要组成部分,是指以手工劳动进行制作的具有独特艺术风格的工艺美术。它有别于以大工业机械化方式批量生产的规格化日用工艺品的工艺美术。在二十多年前,"非物质文化遗产"这个词在教

图 2-1 传统手工织布机

图 2-2 传统手工织布过程

材上是没有的，在报纸上也极少见到，传统手工技艺在当代科技与工业革命的滚滚潮流下，显得没落和无助。虽然一些艺术院校的教师和艺术家呼吁要重视"民间美术"的价值研究，但是他们过多地强调"美术"而忽略了"手工艺"，因此并未产生建设性的影响。如今，国家艺术基金项目已开始重视手工艺人才的培养，这为手工艺人提供了传承与传播的平台，手工艺人创作的手工艺品在生活中给人们带来了美的享受和体验。（图2-3）手工艺品是纯手工或借助工具制作的产品，可以使用机械工具，但前提是以手工作业为主。传统的手工艺成为非物质文化遗产的原因，有很大一部分与制作的工序有关。

2. 现代手工技艺

人类最早的技艺的产生、工具的制造，不仅是文化现象，也是人类谋求适应与生存的结果。现代手工技艺是相对于传统手工技艺而言的，自改革开放之后，文化艺术、设计艺术、手工艺术的繁荣与发展，使得很多手工技艺不断地跳出传统的圈子，利用新的手工方式进行创新设计，同时，随着大量新材料、新工艺、新科技的涌现，传统手工技艺的选材和制作方式也不再单一。手工艺者与时俱进地运用不同的工具，制作出适应社会发展、符合大众审美的手工艺品。现代手工技艺是人类文化的必然产物，社会在发展，传统手工技艺是无法满足社会需求的。现代手工技艺相较于传统手工技艺而言，有着新工具的辅助，有着更高效的制作过程，有着更精美的工艺产品，但是于传统手工技艺而言，却失去了一定的温度，本身的传承意义发生了一定的偏移。（图2-4）新工具的辅助在这里特指"机制"，原指机械的构造和动作原理，转用到工艺上，就是指工艺本身及人与工艺、与社会之间互为反馈、互相影响以求得和谐的关系。阐明"工艺机制"，有助于对它的认识从现象的描述深化到本质的说明。

二、多维度的记忆

1. 个人记忆

个人记忆是相对于集体记忆而言的。与社团的互动维持了人们的个人记忆。人越是处于集体记忆的结构中，其记忆能力就越强。相反，越是离群索居或与集体记忆割裂，个人记忆的能力就越低。记忆本就是碎片化的，个人记忆的形成需要依托一定的环境，无法脱离环境和他人独立出来。个人记忆越丰富，怀旧的情节就越多。个人记忆在绘画艺术、设计艺术中经常有所体现，在非遗设计作品中也同样如此，

图2-3 传统手工刺绣展示

图2-4 现代式的机绣

如苗族刺绣图案中隐藏着对祖先的记忆，对家乡、山川、河流的记忆等。

2. 集体记忆

集体记忆可以被看成多重个人记忆的一个运动场，而不是一个墓园。集体记忆是一个混乱的、不系统的概念，但是它允许描述人类经验的现象学。目前，还没有系统的思想向我们解说人类记忆的完整图景。用金斯伯格的话来说，对于记忆的解释，很可能是一种猜想的知识。只有虚假的记忆能够被完全地追溯回来。从古希腊到普鲁斯特，记忆一直是通过一线痕迹、一点细节、一个暗示记录在案的。弗洛伊德创造出一个"屏幕记忆"的诗意概念：一种语境连绵的细节掩蔽了私人梦魇或者启示录之类被忘却的场景。就像维也纳写字簿透明纸那样，它保存痕迹、涂鸦、臆测，分散注意力，使之脱离记忆分析家或者解释者强加的核心情节。集体框架的作用常常和屏幕记忆一样，决定着个人动情回忆的语境。在流放中，或者在历史过渡期间，来自往日家园的标记本身就带上了感情意义。

集体记忆的概念在不同学者那里有着不同的解释，但是都认为它是一个集合性的词语，是多重个人记忆的聚合。苗族服饰刺绣中的图案是苗族历史的反映，多为智慧者集体记忆的体现，把家乡、亲人、山川、河流等用不同的图案表现出来。二十四节气、节庆活动等有关族群生活的事件也可以在服饰刺绣图案中加以表现。长时间的传承，最终形成集体智慧的结晶。苗族刺绣图案的形成是苗族人集体记忆的再现，是对苗族文化的记录。了解苗族文化，离不开对苗族服饰刺绣图案的认识，只有这样才能更清晰地理解苗族深厚的文化，更懂得集体记忆的含义。

3. 文化记忆

扬·阿斯曼曾给"文化记忆"下了这样的定义："关于一个社会的全部知识的总概念，在特定的互动框架之内，这些知识驾驭着人们的行为和体验，并需要人们一代一代反复了解和熟练掌握它们。"这些知识承载着"过去"的文化内涵，指向遥远的过去，通过对被淡化、弥散或被遗忘内容的重新提及，对传统的重建和被压抑内容的回归，形成一个历史的时间轴，引导"过去"进入"当下"。扬·阿斯曼所提出的文化记忆概念，其特点就在于恒久性——一个集体对文化的长时记忆。苗族人在节庆活动中的祭祖活动、歌舞活动等在族人们的长期记忆中慢慢成为一种文化记忆。文化的形成离不开文化记忆，苗族人特有的文化记忆形成了自己的文化，是区别于其他族群的文化符号。（图2-5）

4. 怀旧记忆

弗雷德·戴维斯认为怀旧分为个人怀旧和共有怀旧。个人怀旧是对青春时期美好经历的怀旧；共有怀旧是对过去经济动荡、革命、战争或灾难等重大事件的怀旧，这与集体怀旧的内涵类似。Baker&Kennedy 提出了集体怀旧的概念，认为怀旧是一种苦乐参半的复杂情感，是一种对过去的某一代人、某个民族或某种文化的怀念和向往。与此不同的是，Belle 认为集

图2-5 文化记忆的画蜡展示

图 2-6　景区中的仿古商船

体怀旧可以解释相似文化国家和地区的类似的情感体验。中国学者对怀旧的分类大多借鉴国外的分类标准。路曼曼从美学和心理学角度切入，认为中国消费者的怀旧可以按照个人怀旧和社会怀旧的维度进行，但是最突出的表现是个人与社会结合的怀旧。① 何佳讯基于我国文化背景，开发了中国消费者怀旧倾向量表，从人际怀旧、家庭怀旧、个人怀旧 3 个维度，通过 14 个问项对怀旧倾向进行测量。② 李禹认为怀旧旅游可以分为两类，一类是亲历式怀旧旅游，另一类是非亲历式怀旧旅游，区分的标准为旅游目的地是否与旅游者个人经历有关。③ 张菱洲、徐小华同样将怀旧倾向、怀旧情感分为历史怀旧和个人怀旧两个维度。④ 学者从不同领域对怀旧记忆进行阐述，获得的答案不同，但也有很多相似。对于怀旧的概念，学生可以根据设计的需要进行理解和运用。（图 2-6）

三、从技艺到记忆

民间传统技艺是中华民族传统文化中弥足

图 2-7　纺线技艺

珍贵的文化印记。随着时代的迅速发展和环境的快速变迁，以及外来文化的渗透性传播，每一种文化都面临着很大的机遇和挑战。在这一背景下，民间手工技艺的传承也面临着两种完全不同的方向，一部分能够适应社会需求、顺应大众口味的手工艺得到大众的青睐，能够得到更好的开发利用，并形成一定的产业链，实现更好的发展和传承。另一部分无法顺应时代发展、难以符合大众口味的传统手工技艺，不能在其他行业中得到充分的利用，因而未能得到合适的开发和传承。（图 2-7）

---

① 路曼曼. 中国背景下消费者怀旧测量及与老品牌信任关系的初步研究 [D]. 上海：华东师范大学，2008：15.
② 王秀宏，杨立娟，马向阳. 怀旧倾向对老字号真实性与品牌承诺、购买意愿关系的调节作用 [J]. 沈阳工业大学学报（社会科学版），2017（1）：52.
③ 李禹. 怀旧旅游研究：地方感理论下的一个视角 [D]. 大连：东北财经大学，2015：13.
④ 张菱洲，徐小华. 乡村性认知对游客怀旧感的影响——以乡村生活经历为调节变量 [J]. 资源开发与市场，2020，36（12）：1428-1433.

非物质文化遗产保护已经启程十年有余，经过十几载的努力，越来越多的非物质文化遗产得以传承，更多的非遗元素得到重新利用，由此焕发新生机。在非物质文化遗产的传承中，传统手工技艺是最不可或缺的一部分。对传统手工技艺的传承与传播能推动我国非物质文化遗产的发展，同时，手工技艺这类具有参与性的传承体验型项目可以激发出更多的非遗创意火花，使非物质文化遗产的传承不再是单一地延续下去，而是利用最原始的技艺唤起最深处的记忆。

记忆通常包含个人记忆与集体记忆两大类别。在历史的变迁中，个人记忆与集体记忆不断地从表层记忆延伸向更深层次的记忆。（图2-8）个人记忆虽独立存在，但离不开社会环境的影响。集体记忆也依托于个人记忆的组合。集体记忆的形成是长时间的沉淀而不是短时的速成。非物质文化遗产的传统手工技艺的传承就是为了激起人们脑海最深处的文化记忆与集体记忆，实现利用技艺达到唤起民族文化记忆与历史记忆的最终目的。

以记忆为视角对传统技艺进行研究是相对较少的。传统技艺中的记忆随着时代的发展已经难以考证，甚至销声匿迹。需要注意的是，正因为记忆的这些特性，传统技艺中蕴含的记忆更是亟待深入研究。目前，学术界大多是使用保罗·康纳顿的社会记忆理论和莫里斯·哈布瓦赫的集体记忆理论来进行研究，通过技艺和记忆的共生关系来探索传统技艺的传承和保护。王颂颖的《一碗肉骨茶——巴生人的集体记忆与历史传承》一文从肉骨茶的起源和变迁入手，着重探讨在倡导非物质文化遗产保护的语境下，肉骨茶这种民间食物在没有商业宣传助力的情况下得以代代传承的缘由，进而阐释肉骨茶中蕴含的巴生人的集体记忆。蒲志怀的《族群记忆与表述——以苗族花鼓舞的起源及历史流变为例》一文以湘西地区的苗族花鼓舞为切入点，从官方书写、口碑文化及肢体实践等方面概述苗族花鼓舞的流传与变异，全面地呈现湘黔边界苗族这一族群的文化记忆。

四、技艺与怀旧记忆

选取"怀旧"作为非物质文化遗产传承中手工技艺传承的主题，将"怀旧"这张名片作为打开文化记忆大门的钥匙，对"怀旧"这一类别的传统手工技艺加以创新，可以形成更多元的具有非遗元素的创新产品，让非遗得到保护和传承，也使怀旧主题类的文化产品在"新手段"的雕琢下，开启文化记忆的新征程。

随着生活水平的提高，人们的审美发生了一定的转化，人们所追求的生活也从珍惜当下转为怀念过去，怀旧成为一个不容忽视的现象。怀旧使人迷恋的原因，就是它能够通过大众媒体广泛地传播出去，引起更多人的关注，产生更多的共鸣。在对产品进行设计时，让每个产品都成为一个故事，营造能让人产生美好想象的情境，把非遗符号运用到文创产品中，并将其投入市场，顺应市场需求。怀旧情感与设计相结合的目的，就是唤起消费者对过去美好时光的记忆，通过将非遗中的文化元素与现代化设计相结合形成新的产品，让消费者能够借助产品回到过去，顺着产品的怀旧故事回忆起曾经的美好时光，从而选择消费，达到传承非遗和激发怀旧情感的目的。（图2-8）

关于怀旧情感和记忆的关系，很多研究倾向于关注物体和肖像创造或维持集体记忆的方式。例如，莱德利关注人们如何参与物质世界。他说，人们不记得一系列感动自己的个人事件，而是通过理解看起来由其他人创造的历史来享受一种过去感。他指出了特别有利于唤起我们

图 2-8 织布技艺与记忆

记忆的各种物体，如墓碑、牌匾和旗帜。除了唤起我们的记忆外，纪念物可以维持人们关于过去的集体记忆。雕刻和纪念建筑物是一种特别引人注目的象征性表达形式，表现了集体历史的某个方面。（图 2-9）这些纪念物被用于建立一个共同体中的共识和社会团结。适当的人工制品可以将过去的共同体活动与现实联系起来，借此为集体记忆确立意义，从而提高社会道德的统一性。过去和现在一样不确定。在与他人的互动中，我们根据现实的需要决定如何重建过去。现代的需要所决定的对于过往时代的奇思幻想，对于未来的现实具有直接的影响。对于未来的考量使我们承担起对于怀旧故事的责任。怀旧涉及的是个人传记和群体或者民族传记之间的关系，个人记忆和集体记忆之间的关系。除了文化与政治上的用途之外，当代怀旧也越来越多地与经济或商业结合起来，在媒体的大肆渲染之下，其本身成为一种流行文化或时尚形式[①]。斯维特兰娜·博伊姆在著作《怀旧的未来》中将怀旧行为分成两大类：修复型怀旧和反思型怀旧。修复型怀旧，注重于"旧"，总是试图恢复旧有的事物、观念或习惯等。有修复型怀旧行为的人并不认为自己或其行为是在怀旧。反思型怀旧则关注于"怀"。形象地讲，更像一个人在废墟上徘徊，试图在脑海里重构那逝去的时光，再现旧物、人、观念或习惯的形象。《怀旧的未来》讨论的是西方历史文化传统背景下和现代社会文化语境下

图 2-9 技艺与记忆融合创作的装饰展示墙

① 李梦雅. 当代怀旧情感之社会学分析[D]. 南京：南京大学，2012：39-40.

的"怀旧"问题。本章讨论的是人们在怀旧的事物、情感、观念、习惯等现象中产生的怀旧情怀。怀旧加技艺更能打动反思型怀旧人群,非遗文创产品抓住这一消费群体,注入怀旧情怀,让非遗文创产品更有温度,从而使其产生消费行为。当今时代,怀旧呈现出各种形式,反映出多元意识形态与文化传统之间、社会与个人之间的复杂碰撞。

伴随时代更迭和多学科理论发展,怀旧的释义也不断变化,大致可分为三个发展时期[①],可从时代背景和怀旧内涵两方面进行论述(表2-1)。不同学者提出怀旧的影响因素、消费者情感的主要诱因不同,怀旧的情感也会有所不同。(表2-2)

正如西方人类学者所认为的"艺术应归属于技术体系之中",而且"作为一种技术体系,艺术是一种社会结果的产物,社会结果归因于艺术品的生产制作。艺术品的影响力植根于它所客观包含的工艺过程"[②]。所以,在传统技艺的传承中,要追溯到技艺的最深处,去引发更多的记忆。除此之外,也要注重传统手工艺的工序传承。虽然现在有着更多现代化技术,但是机器是没有温度的,它能够无限制地复刻产品,能够生产出满足市场需求的产品,甚至使市场达到饱和,但是温度是无法复刻的,记忆也是。

在传统技艺的传承过程中,许多技艺都融入了新的元素和内容,很多宣传和应用将怀旧情感作为元素融入产品的设计之中。(图2-10)

表 2-1 怀旧语义的发展历程

时间	17世纪—18世纪早期	18世纪中期—19世纪初期	19世纪以来
时代背景	离家过远使很多人出现各种身体上的病症,医学界相关学者就此进行研究	随着医学、神经科学等学科的发展,质疑"怀旧是一种生理疾病",试着寻找新路径	社会动荡引起地理混乱和被迫移民,这些事件破坏了传统的栖息地,阻碍人们同化到新的和陌生的环境
怀旧内涵	怀旧是人因为离开家乡而产生的生理疾病,通过返回家乡可以得到治疗	怀旧是一种心理学现象,表现为精神心理障碍	一种渴望过去的情感

表 2-2 消费者情感的主要诱因

怀旧的影响因素	提出学者
声音	Baumgartner(1992)、Chu和Downes(2000)
气味	Hirsch(1992)、Orth和Bourrain(2007)
广告	Pascal、Sprott和Muehling(2002)
怀旧物品	Holbrook和Schindler(2003)、高辉、卢泰宏(2006)
人际互动	Walker、Wkowronski和Thompson(2003)
怀旧者	Davis(1979)、Batcho(1995)、张莹、孙明贵(2011)

---

① 王新歌,陈田,林明水,等.国内外乡愁相关研究进展及启示[J].人文地理,2018,33(5):2.
② 阿尔弗雷德·盖尔.魅惑的技术与技术的魅惑[J].关祎,译.民族艺术,2013(5):78-80.

图 2-10 传统技艺与现代技术融合的艺术作品

包装作为品牌与消费者之间直接沟通的桥梁，在塑造和传达品牌信息、营造品牌环境与氛围方面，扮演着至关重要的角色。通过包装设计中精心选择的视觉元素，可以有效地将怀旧情感与品牌理念融合在一起，让消费者在第一时间感受到品牌的独特魅力和深厚底蕴。总之，通过精心设计的包装，可以有效地将怀旧情感与品牌理念融合在一起，营造出独特的怀旧品牌氛围。这种氛围不仅能够吸引消费者的关注，还能够提升品牌的知名度和美誉度，为品牌的长远发展奠定坚实的基础。如乌龙茶的"茶三味"品牌，主打传统茶叶怀旧风格，通过插画形式对人的成长历程展开描述，以此代表三种不同口味的茶产品。插画中怀旧情感的表现，使消费者通过情景式插画联想自身的成长足迹，不由自主地在脑海中营造情景式的怀旧氛围，打造出"茶三味"品牌浓浓的怀旧情怀。（图 2-11）

通过包装设计打造怀旧品牌的认同性和艺术性，需要根据怀旧品牌的品牌特性、产品类别来挖掘具有可视性的怀旧元素。设计师要用怀旧元素激发消费者的怀旧情感，但不代表要照搬过去的设计，更不是简单的"挪移"，而是在怀旧的基础上进行设计创新。设计形式和设计风格应该紧随社会流行趋势，适应产品自

图 2-11 怀旧产品设计展示

身"空间"的需要，能够使消费者体验到情感上的怀旧感和设计上的审美感，增加设计产品的温度感，使产品有着真正意义上的怀旧意味，从而与消费者产生共鸣。怀旧品牌的设计定位主要是产品销售时的推广媒介和消费者购买时的心理活动，从产品销售时的推广媒介角度进行定位，借助产品包装设计的怀旧风格进行呈现。包装是消费者进行视觉体验的最直接方式，也是产品属性的主要传递者，更是怀旧品牌设计定位的直观表达载体，通过对包装的视觉图形、材质、文案等进行设计，可以塑造品牌的怀旧形象。

第二节 传统与现代的对比梳理总结

非物质文化遗产具有历史底蕴深厚、在某区域内盛行时间较长、使用人群对其具有情感寄托、生活上带来便捷等特点。非物质文化遗产是传承民族精神的重要载体，无形与有形共存的文化形态让世人感受到中国传统农耕文明的图景，唤醒了人们的文化记忆。非物质文化遗产技艺的存续与使用对于现代生活具有深远意义，其极强的地域性与传统性凸显出对提升文化软实力的重要作用，及对现代与传统结合的黏合作用。本章以"技艺到记忆：怀旧新创意"为主题，目的在于思考非物质文化遗产技艺的存续与运用对于现代时尚潮流的作用，即以怀旧新创意展示具体创新产品与创意现象。

怀旧是指人们对过去的人或者事物带有情感的记忆。怀旧是受众在看到那些怀旧元素时触发或唤起自身的怀旧情感，真切体会到元素所处的特定时代。通过有关怀旧的研究文献进行剖析，笔者发现怀旧的触发因素主要可以分为两个方面：客观刺激，包括视觉、嗅觉、听觉等方面；主观刺激，包括消极情绪与低温知觉等。①

唐纳德·A.诺曼在《情感化设计》一书中提出情感设计三个层次的地位与作用：在本能层次，注视、感受和声音等感官体验对文创产品的第一印象起着主导作用；行为层次更关注文创产品的功能性，讲究消费者在使用过程中的操作体验；反思层次，消费者对文创产品的认知则体现在产品意义、文化价值和情感体验上。在当前的文创产品设计中，越来越多的设计师通过对消费者怀旧情感规律的研究，开始放大与深耕怀旧元素，探索其与产品的共通点，通过激发消费者的怀旧心理，使其产生情感共鸣，借助"新"的力量来继承"旧"的传统文化。②

怀旧是近几年较盛行的消费倾向，表现出人们对过去事物的渴望，大致包括怀旧乡土气息、怀旧儿时器物、怀旧传统口味、怀旧传统项目、怀旧节庆氛围等符号消费需求。现代经济发展带来的大众精神文化需求挑剔化、多元化等特征促使非物质文化遗产的创造性转化需精准定位市场，准确把握消费心理。怀旧消费市场作为非物质文化遗产创新的一大定位，要求创作者或创意人在创作、生产非遗文化产品

---

① 李斌，马红宇，李爱梅，等.怀旧的触发、研究范式及测量[J].心理科学进展，2015，23（7）：1290-1292.
② 杨仲文.复古怀旧风格在现代包装设计中的体现[J].包装工程，2017，38（12）：208-210.

的过程中深入挖掘非物质文化遗产资源，敏锐感知不同人群的怀旧心理需求和消费需求，以"旧物呈现"为基础，通过产品、服务、景观等让消费者回到过去，拉近现代与传统的距离，唤起消费者对传统文化的认同，激发传统文化元素的活力。

一、怀旧风格设计方法

1. 包装设计呈现怀旧

包装是消费者认识品牌的最佳途径。打造怀旧品牌的环境与氛围，便需要借助包装设计中的视觉元素，将各种怀旧信息结合视觉传达理念在包装设计中进行呈现，消费者通过包装第一时间进行视觉信息采集来展开联想，从而营造怀旧品牌的氛围。[①] 随着市场经济多元化发展，包装设计使产品形象得到极大的改变和提升，无论是在商场还是在超市，商品的销售与其货架冲击力有着极大的关系。非物质文化遗产创造性转化为创意产品，需要借助包装设计提升知名度和消费吸引力。包装利用设计的艺术魅力，在产品宣传和销售方面都起到了至关重要的作用，达到提高产品的经济价值的目的。

2. 地域文化呼唤怀旧

地域文化一般是指特定区域内源远流长、独具特色且仍发挥作用的文化传统，表现为特定区域的建筑景观、民俗习惯、生活方式等。它在一定的地域范围内与环境相融合，因而打上具有独特性的地域烙印。中国由南至北，从东至西，各地域传统文化各异，特色突出，共同构成灿烂多姿的中华文化。因此，围绕地域文化特色挖掘非物质文化遗产的怀旧元素，将其运用到地方特色产品，如各旅游景区特色产品或景观之中，以此提升地域文化个性和审美品位。地域非物质文化遗产怀旧元素的挖掘，不仅能突出地方文化特色，更能够以最直接的方式吸引消费者，并与消费者产生情感上的联动，促进消费，提升非物质文化遗产创造性转化的动力与竞争力。围绕地域内非物质文化遗产特征，通过对地域内非物质文化遗产怀旧元素进行凝练，将怀旧元素与相关项目、景观、品牌等进行融合，可以触发消费者对乡土的思念与回味。迎合消费者地域传统文化元素的怀旧情感，可将消费者内心深处的乡土建筑、服饰、器物、音乐等进行视觉化、听觉化、嗅觉化提炼，结合创意设计手法呈现地域独有的乡土记忆，以此彰显怀旧元素。（图 2-12）

3. 名人形象塑造怀旧

不同时期拥有不同的政治、经济、文化背景，各时期的著名人物拥有独特的故事与不同的形象。典型人物对当代人的思想行为规范具有一定的积极作用。通过对人物的造型、服饰、形态、动作等进行设计，形成视觉化处理，并运用到非物质文化遗产创造性转化项目中。具体而言，包括两方面设计。其一，非物质文化

图 2-12　南京夫子庙景区地域文化怀旧景观

[①] 沈钦来.基于怀旧品牌营销策略下的荥阳柿饼包装设计研究[D].武汉：武汉纺织大学，2021：14.

遗产技艺叠加名人效应。大部分非物质文化遗产技艺隐没于世，知名度囿于地域范围内。利用历史、神话传说中的著名人物形象与非物质文化遗产技艺如剪纸、雕刻等叠加融合成现代产品，以名人效应吸引大众关注相关产品，唤起大众对某历史、神话传说人物故事的记忆，寄托相关情感于产品，在此过程中使非物质文化遗产技艺跳脱出原有地域，并利用传统技艺赋予产品更加深厚且丰富的文化内涵。其二，非物质文化遗产名人赋能现代设计。民间文学类非物质文化遗产不乏人物传说，但多以文学作品形式呈现和传承，缺乏对人物形象的多元化塑造与呈现。本章以技艺到记忆为主线，尝试打破艺术界域，将民间文学类非物质文化遗产中的人物传说与现代设计结合，赋予现代设计文化内涵的同时，展示"非遗人物"，通过以新促旧的方式调动大众对非物质文化遗产的认知动力，触发对历史、神话传说的认识与追忆，触动大众的怀旧情感，最终提升相关产品的吸引力。（图2-13、图2-14）

4. 特殊经历表现怀旧

过去的一些特殊经历和社会背景会触动部分群体的情感认同，从而产生对过往生活经历的怀念。像历史长河中的红色印记，曾响应国家号召的知青，改革开放后的下海商人，以及逐渐被市场淘汰的老物件，等等，这些具有见证历史作用的特殊印记，会使人们对过往时期的特殊事物和阅历产生怀旧。①如影视剧里的老街、20世纪初的厂房、某历史时期的故事等，均能唤起大众对某个时期的记忆，触发怀旧情感。怀旧本质上是对情景的情感性表达，无论是物件、音乐、景观，还是经历、事件，都在历史长河中凝结为民族共同记忆，只需在未来的某一时刻以不同形式催发大众记忆即可。非物质文化遗产作为传统文化的重要组成部分，其传承与延续离不开技艺的不断发展，更离不开大众的需求。将非物质文化遗产与现代商品融合，提取特殊经历作为催化剂，会产生奇妙的化学反应，让大众在特殊情境中了解非物质文化遗产技艺，怀念过去的生活方式，产生对"老物件"的特殊情结，赋予设计更多的欣赏价值和怀旧价值。

图2-13　长沙橘子洲毛泽东青年艺术雕像

图2-14　长沙橘子洲毛泽东青年艺术雕塑展馆导视牌

---

① 沈钦来.基于怀旧品牌营销策略下的荥阳柿饼包装设计研究[D].武汉：武汉纺织大学，2021：22.

二、怀旧元素创意表现

1. 图像表现形式创新

非物质文化遗产的包装设计、情境打造、氛围营造等离不开图像。图像表现出来的内容、含义必须与大众怀旧情感产生共鸣。此外,必须深入挖掘非物质文化遗产的内涵,结合产品定位形成独特设计,既要凸显非遗文化内涵,又要彰显设计品位,在形成个性化的基础上突出视觉吸引力。图像可分为抽象图像和具象图像两种类型。非物质文化遗产所形成的有形物件可作为图像元素抽取的来源,结合设计灵感形成多样化图像表现。不同的创作形式呈现的图像,视觉效果亦不相同,能多维度吸引大众的关注焦点,引导和刺激大众消费。在此需要注意的是,非物质文化遗产相关图像的提取与再造,需要结合市场定位、大众审美、产品特性等,进行以怀旧为主题的创新表现。

2. 文字信息传达情怀

文字在传统与现代不断融合的现代市场发挥着至关重要的作用,不论在包装设计、空间营造还是思想表达、内容呈现等方面,文字都具有较强的可塑性。文字的合理使用能够更全面地表现出非物质文化遗产的内容与价值,也能更直观地表达非遗文化产品的内涵与功能。文字不仅能发挥表现情感的作用,更能强化装饰、平面设计等视觉效果。文字与图像一样,运用得当就能给大众带来强烈的视觉冲击,达到加深大众印象的效果。要想通过文字来表现非物质文化遗产创意产品中的怀旧元素,必须在进行设计之前掌握非物质文化遗产的内涵及其脉络与肌理,梳理可能用到的文字信息内容、图案符号寓意等,创作怀旧文案、设计怀旧作品等,传达怀旧情愫。此外,中国文字的特殊内涵亦可用于怀旧设计,如发音相同但表述事物不同,可进行美好事物的关联,如中秋送螃蟹,意为"蟹礼",含感谢、感恩之意;红枣、花生、桂圆、莲子常用作祝福新婚夫妻早生贵子等。诸如此类谐音文字创意数不胜数,传达的皆是耐人寻味且传统寓意十足的美好情感。

3. 色彩个性塑造温度

色彩作为创意设计主要的艺术语言之一,比图像、文字在视觉冲击与情感表现上更加突出。非物质文化遗产怀旧情感产品的设计,离不开色彩渲染的温度。以色彩作为非物质文化遗产创意设计元素,可凸显产品包装、产品外观、产品宣传的色彩独特性。色彩的创意运用很大程度上能决定非物质文化遗产创意产品的气质特点。色彩能体现过去的文化性,能给人们一种历史的温度,让人们更容易接受它特有的韵味。(图2-15)从产品营销策略角度看,具有色彩"个性"的产品包装更具有竞争力;从心理学角度看,人们的求异求新心理也决定了色彩"个性"的重要性,有利于激发人们内心潜在的消费欲望。怀旧色彩的运用更能体现色彩的温度,更能给人们一种亲近、平和、自然的感觉。色彩作为包装的必要元素,本身具有激发情感的作用,因此在设计怀旧品牌的包装时,应充分发挥色彩在塑造怀旧元素时的烘托作用。对于打造怀旧品牌、激发消费者的怀

图2-15 蜡染个性色彩塑造环境温度

旧情感，产品包装中的色彩不再只是一种客观存在的视觉元素，而被赋予更多情感表现、色彩联想和审美烘托的价值。因此，塑造怀旧品牌中的怀旧元素，应该恰到好处地使用色彩元素，通过色彩的创意美来烘托产品的怀旧情怀，迎合消费者的情感需求，如食品包装的体验认知已经逐渐转变为与产品之间的情感交流。食品本身的味道加上色彩传递的情怀，自然能让消费者接受这款食品。通过对多种食品包装设计中的色彩进行研究，笔者发现色彩在包装设计中除了起到宣传产品特性、刺激消费者进行消费的作用之外，还能够给消费者带来更多视觉冲击力，让消费者选择产品时产生情感共鸣。如贵州有红色故事，设计师结合长征故事与贵州绿茶，包装设计使用红色烘托绿茶本身的颜色，两色相对比，成为以红色为主调的设计色调。经典的红色成为独特精神的象征，蕴藏在产品背后的红色故事，会触发消费者对革命时期的怀旧情感。消费者每喝一口茶，都能想到革命的艰辛，感受到当前生活的美好。

4. 声音韵律营造氛围

怀旧情感的激发离不开氛围的烘托，带有特定时代符号的音乐、舞蹈、服饰、妆容等成为年轻人眼中的复古元素。从视听语言的角度而言，声音对营造环境氛围、激发情感共鸣的作用较之色彩、语言更为明显。曲艺类非物质文化遗产的现代化运用多体现在演艺产业、旅游产业两个领域。非物质文化遗产的创造性转化需要不断探索与新事物的融合，在需求多样化的时代潮流下，越来越多的消费者对含有怀旧元素的创意产品感兴趣。然而，曲艺类非物质文化遗产活跃于市场的产品少之又少，"见人见物见生活"的保护理念在这类非物质文化遗产的传承保护中未充分得到实践。曲艺类非物质文化遗产具有地域性与时代性、生活性、程式性等情感特点，根植于民间，历史悠久，有深厚的群众基础。作为传统文化的重要组成部分，各地曲艺丰富多彩，各有特色。曲艺类非物质文化遗产可提取的声音韵律元素丰富异常，且特色鲜明，加之题材广泛，可运用场景非常广泛。将怀旧植入曲艺类非物质文化遗产的创意设计中，能让消费者产生情感交流和精神共鸣，具体表现形式可以是曲艺片段与影视融合，曲艺作品与主题餐厅、民宿、沉浸式体验项目等结合，形成"特色+特色"的局面，利用传统曲艺元素营造怀旧氛围，凸显主题，升华情感，彰显品位与特色。

5. 技艺呈现回归时代

传统手工技艺于时代而言具有传承文化与发展经济的双重作用。传承传统手工技艺不仅是对传统文化的坚守，对时代记忆的维系，更是当代快节奏生活下大众回归本心的重要渠道。以质朴的技艺和传统材料进行非物质文化遗产再创意，年代感的景观式展示与消费，能勾起大众的怀旧记忆，恍如回到小时候、年轻时大街上偶尔出现的捏糖人小摊、夜晚广场的打铁花、景区的传统建筑、叮当作响的银饰等。传统的技艺，质朴的材质，呈现的是传统，也是对时代的思考。传统手工技艺的呈现，让大众思考当代，展望过去的历史。中国建筑师王澍选择了运用传统文化、中国本土特色的建筑营造哲学和营造手法，用历史性的传统材料营建一座新的建筑，不仅让观者产生历史感，更让使用者感觉拥有生活故事和历史记忆。传统手工技艺持有者掌握着非物质文化遗产最原始、最精髓的东西。工匠们对传统文化的继承与践行，体现出对传承的责任，对时代的无声反抗与顺应。（图2-16）

三、怀旧新创意原则

1. 满足大众化审美需求

大众审美属于群体性审美活动，是通过对美的体验与感受，形成具有共性的审美规律。但随着现代社会的发展，人们的思想观念、道德素质都发生了极大的变化，审美观念也有了新的转变，逐渐由从众向小众化、多元化、日常化方向发展。《消费文化读本》一书中提到："为了某种社会地位、名望、荣誉而进行的消费被称为符号消费。因此符号也成为大众审美的一个方面。"非物质文化遗产的创造性转化实质上是对符号形式、符号内涵和符号功能的转化。在进行创意设计的过程中，需多加考虑非物质文化遗产文化内涵中的符号运用与大众审美、精神需求的契合。非物质文化遗产从技艺到记忆，以激发大众怀旧情感为目标，迎合和引领大众对旧事物的种种需求，主要利用视觉、听觉、触觉、嗅觉等抽象符号唤起大众对过去的美好回忆。在当代快速消费的背景下，要利用平面与空间快速吸引消费者，传达非物质文化遗产产品信息和文化内涵。围绕怀旧营销策略，非物质文化遗产相关产品设计应抒发怀旧情感，结合创意设计法则，对产品中的视觉、听觉、触觉、嗅觉等符号进行创新设计，使产品形式能紧跟时代潮流，符合大众审美需求，增强大众对非物质文化遗产怀旧情感的体验感。

2. 满足个性化审美需求

现代消费需求的多元与挑剔、大众对个性化审美需求的极大渴望，决定了市场须不断创新，以满足大众个性化需求。对于非物质文化遗产创造性转化而言，满足大众审美需求是打入市场的基础。而个性化设计方能打破常规，寻求增强消费者情感体验的路径。具体而言，个性化的审美体验和情感满足成为创意设计首先考虑的因素，打造怀旧情境、怀旧品牌等需要掌握目标人群的消费需求、情感诉求和消费习惯，加强包装设计、产品内容的实用性、趣味性、互动性、新颖性等特性。个性化审美具有小众性，在创意设计中要加强全面思考，毕竟有的文创设计需要产业化生产，如果单纯考虑个性而忽略整体性，也不是完美的创意设计。创意设计在个性化审美中自然存在，如高温釉烧制的陶器，每个器具形状统一、色泽统一、

图 2-16 编织技艺回归时代的装饰作品

烧制后完全相似是比较难的，釉的窑变会让每个器具的色泽不同。受温度、湿度、釉色深浅变化等的影响，会产生不同的艺术效果。（图2-17）

图 2-17　牙舟陶瓶

第三节　创意运用：设计中的景观还原与地域展示

一、时间·空间·经历——景观还原

非物质文化遗产不应局限在当地，也不应禁锢于历史长河之中。从技艺到记忆是历史"变现"、思想觉醒与情感自由表达的过程。非物质文化遗产创造性转化，要突破时间和空间的限制才能提取群体经历，创造具有观赏性、思考性的还原景观。

非物质文化遗产景观的塑造与还原，多见于景区、博物馆、展示中心等。为吸引大众驻足停留，景观的构造要有明确主题，要素多以传统素材、器物等与灯光、音乐结合，经人为设计与艺术化的处理，围绕主题进行营造。尽管展示中的要素可能已存在于大众脑海中或记忆深处，情景还原本质上是利用设计与艺术手段唤起大众对某一非物质文化遗产的感性记忆，形成现实与过往情景对话的独特氛围，让大众沉浸其中，回忆往昔，反思今朝。这种独特氛围的营造需要灯光、文字、物件、音乐等组合布置，加上创意者抽象化的创意思维与情感表达方式，将非物质文化遗产元素抽象化、艺术化、聚焦化、符号化，组成一个有声有色、质感醇厚的典型景观，促使大众联想与回忆，达到寓情于景的效果。比如京剧，角色分为生、旦、净、丑等。人们一看到京剧脸谱，就会自然而然地想到京剧扮相，联想到许多著名的京剧唱段，想到气势宏伟的京剧舞台及台下观众阵阵叫好的情景。而这种"景"的构成就是依托于人们熟悉的京剧脸谱，使京剧脸谱具备了一定的典型化特征。当然，脸谱仅仅是京剧这种表演形式的一小部分，但在展示设计的情景还原中却可以以一当十，带给观众无限的想象，十分有利于情景到情境的升华和氛围的营造。[①]

二、传统·元素·IP——地域展示

地域文化不仅被用于表示文化事象与环境之间的关系，也被用于表示文化之间的差异性。受自然、经济、文化等的影响，各地区形成了风格迥异、内涵突出的文化事象，非物质文化遗产则扮演着承载与凸显地域文化的重要角色。地域文化输出已成为增强地方文化输出力度和地方文化品牌打造的必然选择，这就需要不断提取文化符号，将其与现代潮流符号融合，打造地域IP。

"IP"（Intellectual Property）原意为"知识产权"，伴随着城市品牌形象推广的热潮、旅游业的发展和新媒体的崛起，逐渐被泛化出"地域文化IP"，是指在一定地域范围内由自然或历史演变形成的辨识度高、个性鲜明、自带流量、表现能力强的文化符号。日本熊本熊成为风靡全球的吉祥物，说明了利用地域文化进行IP打造的可行性，将日本熊本县特色文化元素拟人化在熊本熊身上，不仅能生动地传播本土文化，更能吸引世界各地游客到熊本县旅游观光，进行文化体验。所以，地域IP从本质上而言就是将某地域进行人格化的IP形象设计与展示。

面对诸多非物质文化遗产的艰难传承与创意瓶颈，笔者认为地域IP可成为突破口，助力地域文化走出去。镇宅神兽瓦猫是云南地区所独有的地域符号，它的身影在云南的昆明、玉溪、曲靖、楚雄、大理等多地可见。设计师根据瓦猫传统形象进行元素再设计，打造出别具一格的地域IP。2020年昆明地铁4号线"瓦猫家族号"在昆明市正式开通运营，站内以及车厢上随处都装点着根据"瓦猫"的造型设计的K4 CATS家族。瓦猫生动可爱、性格各异、时尚的配色、呆萌的造型形象，俘获了许多人的心。"瓦猫家族号"的成功运营，让瓦猫从神堂走向大众，联合昆明地铁推广昆明文化，真正做到将非物质文化遗产与现代经济发展联合，成功打造地域IP。（图2-18）

三、包装设计

包装设计文化源于生活的积累，生活才是包装设计的出发点，同时，生活也是包装设计的终极目标。包装设计与非遗相融合，呈现出一种创新性的设计方式，同时非遗文化受到了传承、保护与创新，对于延续非遗历史文脉、坚定文化自信、推动文明交流互鉴、建设社会主义文化强国具有重要意义。

非物质文化遗产包装设计的文化符号可以

---

① 陈禹熹.展馆空间中非物质文化遗产展示的"情景还原"[D].北京：中国艺术研究院，2013：25-26.

从当地的建筑、手工技艺、美食、图腾图案等入手，抽取其中的元素作为创作来源，结合文化内涵与现代需求进行系列包装设计。湖南工业大学硕士研究生肖慧琳以广西非遗花山岩画为创作素材，图案设计以花山岩画拟蛙形的人物形态动作重新组合为主要切入点，绘出密集且热闹的古代祭祀祈福的场面。画面主色取与花山岩画固有色——赭红色相近的红色。红色在中国传统认知中代表着热烈和神秘，体现了神圣而美好的文化意识。图案的设计创作秉承着以形表意的原则，对花山元素进行形式上的创新和深入的研究。同时结合非遗传承的概念，以现代网络媒介加以传播，力求打造出视觉冲击力强的视觉体验以吸引消费人群，推广花山文化。① 其设计的品牌名为"花山友礼"（图2-19）。品牌标志的整体形态是从花山岩画众多的蛙形人物形态中提炼而出，颜色沿用岩画本身的红色系，文字选用复古书法体，带有刻痕的边缘仿佛刻在岩画上的文字，与图案相得益彰。包装设计可向游客展现出古骆越人的民族文化特性和面貌，展现当地的审美文化。（图2-20）

图2-18 "瓦猫家族号"厢内设计

图2-19 花山友礼 肖慧琳

图2-20 花山岩画局部

---

① 肖慧琳.广西花山岩画的"非遗"文创产品包装设计[D].株洲：湖南工业大学，2018：13.

第四节 | 案例分析：蜡染——指尖上的破茧重生

一、蜡染艺术特点

1. 记忆传承

蜡染是苗族祖先集体创作的一项艺术形式。每个苗族支系都将祖先的图腾符号传承给自己的后代，不同地域苗族部落的妇女们，人人能蜡染，个个会绣花。如此庞大的创作群体，在中国民间工艺品制作中是少见的。苗族妇女自幼开始学习蜡染，最初的老师是自己的母亲、姐妹，学习的方式首先是描红式的临摹，描摹上辈衣物上的图样，借鉴寨里最灵巧的绣花手的图样，或参照集市上购买的更精美的"纸花"（即剪纸作品），精美的图案被大家争相传摹，从而演变成相对稳定的观念性符号。

各地苗族的史歌和民间传说，都说苗族祖先是有自己的文字的，但后来由于种种原因失传了，从此苗族失去了自己的文字符号。分布在全世界各国的苗族经过五次大迁徙，语言、文字、图腾已很难统一，苗族蜡染这一独特的艺术语言，却传承了部分苗族文化，记录了苗族祖先迁徙的足迹。这些记忆符号通过祖母传递给母亲再传递给女儿，一代传一代的传承方式被保留了下来。正是这样的传承使得苗族蜡染千百年来久盛不衰，并得以延续。传播的两种纹样是传统纹样和抽象纹样，这种符号特征在蜡染中得到了体现。（图2-21）

2. 传统纹样

苗族蜡染中的传统纹样主要有：苗龙、蝴蝶妈妈、蝙蝠、石榴、蛙、鱼、夔、麒麟、牛和表现自然现象的抽象几何形符号等。（图2-22）这些纹样主要反映了苗族宗教信仰、祖先崇拜、生殖崇拜、图腾崇拜等文化。比如苗族龙不是皇权的象征，它具有多样化、自然化、大众化的属性，为平民大众所有。它只是人们对自然之力而不是社会权势的崇拜，具有强烈的平民意识。苗族龙的造型也多种多样，头有牛头、鸟头、虫头，身子有蛇身、鱼身、鸟身、蚕身、树叶身，尾部有鱼尾、螺丝尾、花枝尾，脚有一脚、二脚、多脚或无脚。根据其造型的不同，苗族龙又可分为牛龙、人龙、鸟龙、蚕龙、树叶龙、虾龙、兽龙、蜈蚣龙、飞龙、猫龙等。（表2-3）

图2-21 丹寨蜡染技艺传承基地

图2-22 传统纹样展示

表 2-3　几何纹样中的文化特征[①]

编号	纹样图案	纹样类别	纹样名称	说明	寓意
1		天体		天体纹样体现了苗族"万物有灵"的图腾崇拜文化	追求人与宇宙的和谐
2			星辰纹	此纹样不仅用于衣服,还用于银饰的纹样造型	
3				除了关于星辰的纹样外,造型简单的"日""月"纹也很常见,体现万物有灵的观念	万物在日月下的和谐
4		山川	山川纹	可用于编织、刺绣、挑花等工艺手段	人与自然的和谐
5				多用于裙子的下摆等部位	
6		河流	九曲江河纹	象征苗族在迁徙过程中所渡过的河流	人与生命的和谐
7					
8		田地	田连阡陌纹	田连阡陌纹多用于衣袖花和上衣后背以下部分,后者多重复排列,形成节奏感	人与自然的和谐
9		水	水涡纹	可用于蜡染、刺绣,贵州苗族地区称其为"窝妥"	生命之源
10		房屋	房架花纹	对传说中房屋的纪念	生活的体现
11					记忆的永恒
12		器物	火镰纹	由四个"T"字形组成的方形挑花图案,表示光明吉祥之意	人际关系的和谐
13		货币	铜钱纹	代表成串的铜钱,寓意富贵	人内心的和谐
14					

[①] 周梦. 贵州苗族侗族女性传统服饰传承研究 [M]. 北京: 中国社会科学出版社, 2017: 357-359.

续表

编号	纹样图案	纹样类别	纹样名称	说明	寓意
15		动物相关	羊奶纹	由状如羊奶的"U"字形组成,寓意富有殷实	人与动物的和谐共生
16			蝴蝶纹	寓意生命之源	与祖先和谐共鸣
17					
18			鱼纹	多为连续图案	人与动物的和谐
19		植物相关	蕨萁叶纹	此纹样为蕨萁的幼芽形象	人与自然的和谐
20			荞子花纹	此纹样为荞子形象	

3. 抽象纹样

抽象纹样构成的符号形式是蜡染图案必不可缺的部分,是由三角形、正方形、椭圆形、菱形等构成的几何形抽象纹样符号。几何形的变化代表着族人认识世界的含义,例如牙齿纹、蛇纹、羊角纹、瓜面纹、斧头纹、卷草纹、牛角纹、牛眼睛纹、刀豆纹、波浪纹等。[①](图2-23)图案纹样是由对称式、均衡式、组合式三种构成。

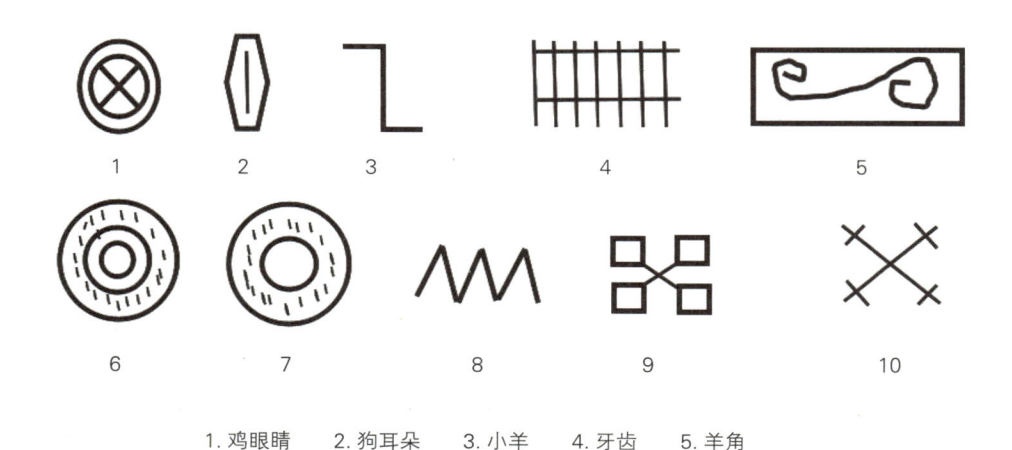

1. 鸡眼睛　2. 狗耳朵　3. 小羊　4. 牙齿　5. 羊角
6. 小牛眼睛　7. 大牛眼睛　8. 弯蛇　9. 斧头　10. 苞谷种

图2-23　抽象纹样

---

① 安丽哲.符号·性别·遗产——苗族服饰的艺术人类学研究[M].北京:知识产权出版社,2010:102.

（1）对称式

对称，又称均齐，即在假定的中轴线或中心点的两侧或上下配置同型同量的纹样，并呈现出形式相同、分量相等的纹样或色彩。对称式有左右对称、上下对称、四面对称及多面对称。蜡染在对称的纹样中有细小的变化，很少有绝对对称的。因为是人为绘制，不能达到机器生产那样的完全对称程度。例如蝴蝶翅膀的造型，纹样两边的大小、形态、装饰、动态、图案完全一样，但左右翅膀的形状大小基本相同，完全相同是做不到的。对称式纹样色彩会有微妙的变化，色相相同，明度不同，图形上表现出对称的美，色彩呈现自然规律中的生动性和自然性。

（2）均衡式

均衡，也称平衡，是对称结构在形式上的发展，由形的对称转化为力的对称，体现为"异形等量"的外观。左右两边不等形、不等色、不等量的图形，使观者在视觉上感受到量的均衡感。均衡式静中有动，是一种比较自由、活泼、轻松的形式，在视觉上偏于灵活和感性。蜡染的均衡式纹样构图饱满圆润、疏密得当、聚散有致、主次分明，体现出一种异形等量的平衡外观。十二生肖在平衡的基础上稳中有变、静中有动，纹样组合自由，动物形象灵活多变，植物形象变化自然，色彩变化细致微妙，艺术语言形式感强。

（3）组合式

蜡染的许多纹样是将对称式和均衡式组合起来构成一个画面，将两者的要素结合起来，使得画面既平稳又生动，既有很强的装饰性又灵活多变。蜡染纹样的形成还有一个特点，纹样的组成均为对称式与连续式，很少以单个纹样的形式出现。动物纹样与动物纹样、植物纹样与植物纹样之间有强烈的呼应关系，相互顾盼、相互交织、相互融合，表现出一种强烈的人文情怀。纹样的摆放有直立式、放射式、向心式、旋涡式，连续纹样中有波浪式、折线式、直立式和连缀式等。这些纹样的构成形式既有对称式又有均衡式，组合成独立的艺术语言形式，在画面中呈现出对比与调和的关系。

二、蜡染制作工艺

蜡染古称"蜡缬"，与扎染、镂空印花并称中国三大印花技艺，为中国民间传统印染工艺之一，是以蜡为防染材料的传统手工印染技艺。慧琳《一切经音义》卷五十记载："今谓西国有淡豎汁，点之成缬，如此方蜡点缬也。"中国古代发现的蜡染文物，有新疆于田出土的北朝蓝色蜡缬毛织物和蓝色蜡缬棉织品、新疆吐鲁番阿斯塔那北区墓葬出土的西凉蓝色缬绢和唐代的几种蜡缬绢、蜡缬纱。蜡染工艺在我国世代相传，尤其在贵州的少数民族地区，蜡染已经成为妇女生活中不可缺少的一部分。蜡染有的有图案，有的是棉布直接染色，然后是晾布。（图2-24）苗族的传说中，靛蓝色是月亮的底色，有了靛蓝月亮才变得美丽。染色、水煮、晾布是蜡染必不可缺的步骤，每一步都有自己的特点。

1. 防染剂

蜡染防染剂有枫香脂、蜂蜡和石蜡等。

枫香脂取自枫树的油脂，在取枫树油脂时，

图2-24 晾布

用一把锋利的刀将枫树的外皮割破，流出的汁液与牛油混合，将两者一起熬煮成一种深褐色的液体，待其冷却后像蜡一样凝固，使用时加温使其熔化，以此在面料上绘制花纹，然后是染色和去蜡的工序。

蜂蜡是工蜂的蜡腺中分泌的一种脂类，具有很好的防腐、防潮作用，黏性极佳，适合描绘较为细腻的图案。

石蜡是从石油中提炼而成，属矿物质，根据精制程度可以分为粗石蜡、半精炼蜡和全精炼蜡。①

2. 点蜡工具

点蜡的工具为蜡刀。从材质上来看，比较多的是铜制蜡刀和铝制蜡刀。蜡刀也不一定全是金属质地，如雷公山和月亮山地区的苗族就用鸡、鸭毛管来点蜡。② 蜡刀的尺寸在20厘米左右，有多种规格，粗细、大小各不相同。部分地区全套的蜡刀有十多支，还有一些地区只用两三支即可。画师可根据自己的喜好来确定蜡刀的型号和数量。（图2-25）

周梦在《贵州苗族侗族女性传统服饰传承研究》中提到，蜡刀的制作也非常讲究：先在硬纸片上画下所需刀片的形状，在铜、铝等金属上照样子剪出来，基本呈"T"字形，顶部为扇状；然后选粗细适中的木棍，一端用刀劈开切口，然后将刀片放入切口中；用结实的细绳将刀片与木棍接合的地方一点点紧密地缠死，蜡刀就做好了。（图2-26）

3. 染料

常用的染色剂是蓝靛，这种传统的植物性染料具有悠久的历史。清代《贵阳府志》中也有相关记载："黄平山多田少，山间多植蓝靛。"对于蓝靛的种植与提取，在《贵州省剑河县久仰乡必下寨苗族社会调查资料》中有详细的描述：蓝靛是用来染布的染料作物，共有两个品种。其中一种就是通称的蓝靛，在三四月间栽植。它的留种方法是，收割蓝靛叶时把顶梢和叶子摘去制靛，留靛秆为种子。靛秆在降霜以前，把它藏在（卧放或立放）干田里深约六七十厘米的坑内，盖以稻草，再铺上约十厘米厚的泥土，使其不通风，风雪不入内，明年三月敞开，让它发芽，到栽种的时候再取出来。在自给自足的农业时代，人们穿衣要从种棉、纺纱、织布开始，而染料也同样需要从种植开始，因此蓝靛成为日常生活中必备之物。随着科技进步，化工原料越来越丰富，化学颜

图2-25 画蜡工艺

图2-26 画蜡展示

---

① 贺琛，杨文斌.贵州蜡染[M].苏州：苏州大学出版社，2009：26.
② 杨再伟.贵州民间美术概论[M].昆明：云南美术出版社，2009：18.

料在染布中占到一定比例。现在蓝靛种植越来越少，有的是用现代的化工材料。如丹寨，妇女们如果需要染色时就去附近种植蓝靛的村寨买。究其原因可能有两点：一是三宝地区的地理位置决定了它的生活方式较其他地区汉化程度更深，因此学传统的民族服装的人越来越少。二是丹寨地区的蜡染是被纳入国家非物质文化遗产名录的传统手工艺，除了土布的染色，这个地区的精染产业也非常发达，这直接决定了这个地区的蓝靛种植减少。

4. 蜡染步骤

蜡染是苗族女性最常使用的手工印染技术，其步骤为：

（1）制作时用蜡刀将加热好的防染剂画到布面上；

（2）经过一定时间的冷却，蜡在布面上结一层薄薄的蜡壳；

（3）将封好的布放入加入蓝靛等染料的缸中浸色；

（4）没有蜡液覆盖的地方染上颜色，而被蜡液覆盖的那部分因为有蜡的保护无法着色。这道工序需要反复操作，将布投入缸中几次至十几次；

（5）以高温使布面上的蜡熔解，被蜡包住的部分是白色的；

（6）对整块布进行反复的漂洗。

三、蜡染创意文案

"云上加油站：蜡染文化的数字化共创"是大学生"互联网+"大赛的一个参赛项目。根据项目要求，学生要进行调研、整理、数据分析、实践操作等工作，完成比赛相关任务。经过指导老师和相关专家的多次精心指导，学生按参赛流程完成比赛，并取得了优异成绩。以下是该项目参赛时的文案。（图2-27）

图2-27　蜡染文创产品（1）

1. 项目简介

蜡染是我国三大印花技艺之一，资料显示，对蜡染的研究大多集中在对其印染图样、文化产业的传统工艺研究，对其在数字化时代的转型生产鲜有论及。因此，本项目提出"云上加油站"的蜡染共创理念显得尤为紧迫。通过该"云空间"，使蜡染实现当代传统文化的数字化突围，实现全民共享、全民共赢、全民共传。本项目具体业务方案如下：

（1）"云上加油站"

"云上加油站"主旨在于将传统线下蜡染技艺成果进行数字化生存的转型，把单一的传统手工艺蜕变成"云"文化生活方式。把"虚"的VR（虚拟现实）、AR（增强现实）、MR（混合现实）、XR（扩展现实）等文化生产技术内嵌入传统蜡染产业链中，打造"虚实融合"的"沉浸式"用户交互共创平台。

（2）蜡染数字"一张图"

蜡染数字"一张图"实现全国蜡染手工艺空间的云展示，将蜡染的分类、数量、质量、成品等信息要素运用三维立体数字制图技术实现无缝拼接，提高蜡染的游戏感。

（3）蜡染"e"留存

蜡染"e"留存将蜡染这门传统艺术作为中华民族共知、共识、共情的纽带，实现蜡染的Web3.0传承结构的构建，充分调动喜爱蜡染的中国用户的共创精神,激活"民间创新"再造细胞,攻克传统技艺的"易衰"困境,真正实现"蜡染的数字化"镜像共创。

(4)"智慧蓝靛"

"智慧蓝靛"作为一个良性的开放式平台,通过算法、大数据等对用户进行精准推荐,并为用户提供相应的宣传、运营、销售、售后等一站式服务,即用户不需要离开平台且借助简单口令即可完成操作,真正实现了智能操作。

2. 实践过程

(1)设计方案

该项目的设计方案主要分为四部分:其一,可用穿戴设备观看的视频制作;其二,智慧蓝靛一体化平台的设计与日常维护;其三,蜡染制作说明书的制作;其四,蜡染"e"留存的设计与管理。首先,找到可以合作开发平台"云上空间"的设计公司进行合作;其次,找到蜡染发展较好并且可以实现产业化生产的民族聚居地;最后,在该地进行宣讲,对当地人进行培训,使其参与蜡染作品生产、蜡染视频拍摄等工作。(图2-28)

(2)具体调查

首先,在民族聚居地进行实地调查,寻找蜡染技艺高超、劳动力充足、能够实现蜡染产业化的具体实验基地。评估劳动力的各方面素质,找到培训需求点。

其次,进行前端开发调研。通过资料查询、实地走访、对比研究,筛选合适的公司进行合作。与公司一起评估平台建设、网络空间建设的难点、重点、疑点。

最后,进行市场调研,更加准确地了解用户。可以通过网上问卷调查、访谈等多种方式锁定潜在用户,挖掘用户需求,确定首要投放地点。

(3)内外宣传

内部宣传主要是采取人际传播、群体传播、组织传播等多种方式进行活动宣传。外部宣传主要采取大众传播的方式进行,借助官方的声音,提高该活动的公信力、知名度。(图2-29)

(4)项目思路

项目思路见图2-30。

3. 创新创意

(1)采取数字化方式进行产业创新

如今是数字化的时代,但蜡染相关的产业发展还囿于传统模式。该项目将数字化与蜡染产业相结合,提出平台化、互联网空间化等新途径,提升了用户的参与感、获得感、成就感。该项目区别于传统模式,在方法上实现了产业创新。(图2-31)

图2-28 蜡染文创产品(2)

（2）乡村振兴发展新方向

习近平总书记在党的十九大报告中提出，农业农村农民问题是关系国计民生的根本性问题。乡村振兴是解决这个问题有效办法之一。由于每个地方的实际情况不同，发展的方向也不相同。贵州可以将蜡染作为支撑点，将蜡染案例推广开来，推动乡村振兴战略的实施。

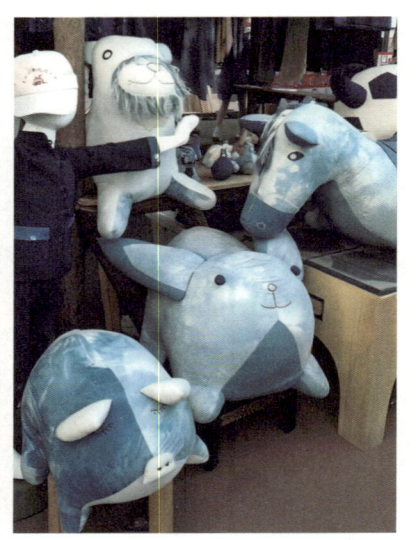

图 2-29　蜡染文创产品（3）

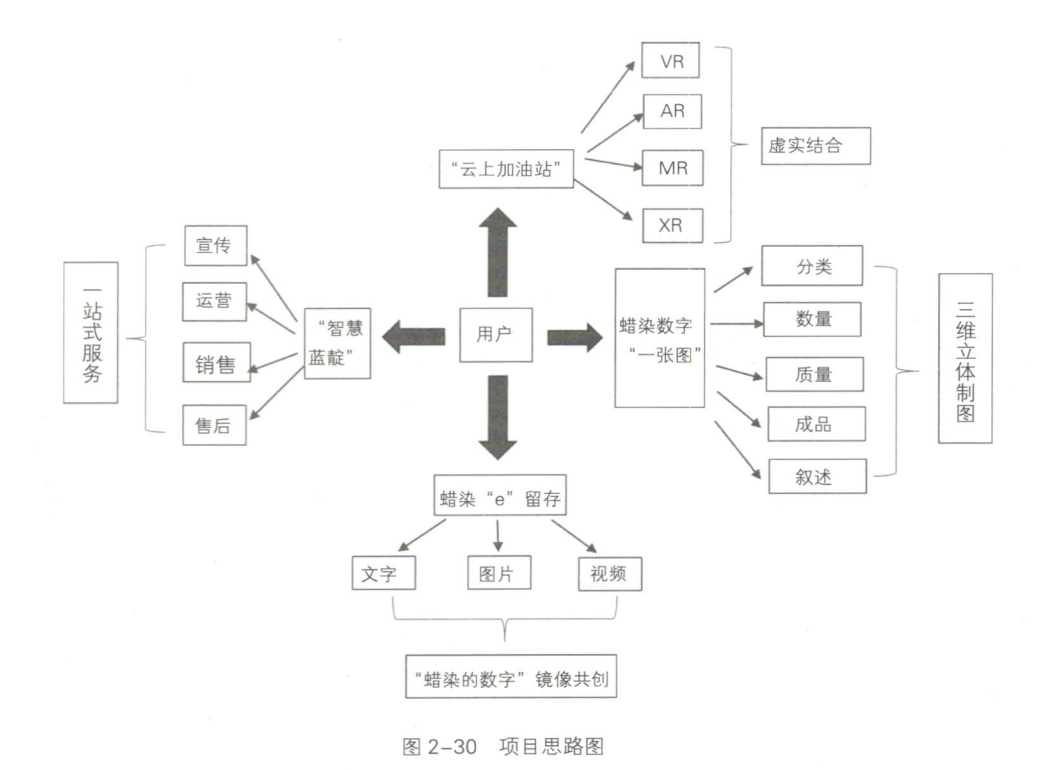

图 2-30　项目思路图

（3）新方式：全方位、多角度联动

根据调研，市场上并没有某一个品牌将蜡染产品进行全方位、多角度的宣传及售卖。目前的蜡染产品销售量偏少、知名度较低。该项目立志通过平台的建设，达到宣传、运营、销售一站式服务，不仅涵盖产品本身，而且还能形成与蜡染相关的集体记忆，从而达到传承的目的。（图2-32）

4. 全民共创，"非遗文化"良好传承

非遗文化传承仅仅依靠少数人的力量，传承效果较差。该项目倡导的是全民共创，也就是依靠大多数人的力量进行传承。这样学习文化、继承文化的目的才算达到，蜡染文化才可能蔚然成风。（图2-33、图2-34）

（1）发展前景

①国家政策扶持

《中华人民共和国非物质文化遗产法》提出，要对非物质文化遗产进行保护；《贵州省民族民间文化保护条例》要求保护好民族民间

图2-32 蜡染沉浸式的艺术品

图2-33 全民参与蜡染互动的多媒体非遗体验馆

图2-31 蜡染数字化展品

图2-34 立体的蜡染文创艺术作品

文化传承人及其所掌握的传统工艺制作技术和技艺。

2021年，《中华人民共和国乡村振兴促进法》颁布，提出各级人民政府及其有关部门应当采取多种形式，广泛宣传乡村振兴促进相关法律法规和政策，鼓励、支持人民团体、社会组织、企事业单位等社会各方面参与乡村振兴促进相关活动的要求。

②市场广阔、潜在用户众多

我国经济发展平稳运行，国民收入比较稳定，同时对美好精神消费品的需求量大。蜡染作为民族特有的文化，有做工讲究、精美等优点，具有极高的艺术价值和欣赏价值，在市场上属于优质资源。（图2-35）同时，根据短视频播放量来看，对蜡染文化感兴趣的观众具有可观的数量。此外，实现蜡染文化共创的可行性较高：一是参与蜡染文化活动的流程简单、易操作；二是该文化活动具有亮点，民众参与度高，很容易形成全民运动。

图2-35　创意蜡染服饰

（2）团队协作（表2-4）

表2-4　团队协作表

组别	组员	专业	任务
管理组	王某某	服装设计艺术	主要负责项目书面材料的撰写、修改、提交和项目的推进、衔接工作，并且在每一个阶段组织成员们进行复盘工作
技术组	许某某	新闻传播学	主要负责前端开发，搭建平台，建成"云上加油站"和"智慧蓝靛"；后期根据用户反馈进行优化处理
	郑某某	通信工程	
运营组	王某某	书画艺术	主要负责"智慧蓝靛"的运营以及对用户上传的蜡染"e"留存相关内容进行把关；给相关工作人员进行基础知识的培训并进行考核，整体把握项目的评比演讲工作
	李某某	平面设计艺术	
媒体组	陈某某	摄影专业	主要负责蜡染数字"一张图"中相关视频的拍摄与制作；通过调研选定目标地点，跟蜡染负责人沟通以后制作具体拍摄计划并施行；根据已有的视频联系专业公司进行深加工，最后制成成品
设计组	支某某	服装设计专业	主要负责图案形象设计、画稿内容设计、拍摄整体设计、后期推广设计等

四、蜡染设计应用

蜡染的艺术特点主要体现在文化符号、制作工艺、色彩运用、语言构成等方面，设计师根据蜡染独有的艺术特征进行创意再设计。根据蜡染艺术性，选取设计师杨舒媛《穗稻人生》系列作品进行举例说明。（图2-36）

作品设计理念是在蜡染基础上进行设计构思，稻草人生VI设计，从标志、胸牌、包装、胶带、礼盒、海报等方面展开设计。设计元素来自蜡染的艺术特点。（图2-37）标志选取蜡染中蜡刀画稿的特点，创作双勾线塑造人物形象，色彩选取蜡色，争取保留原有颜色，给观众呈现华贵的金色质感。（图2-38）

色彩基调以蓝色调为主，色彩选取三色呈现，蓝色、白色、金色（石蜡本身颜色）完成色彩构成，这与蜡染制作和最终色彩效果相同。（图2-39）字体、形象符号等选取颜色中基本色进行互换变化，从而使画面效果更加丰富。（图2-40）设计中的字体、形象符号、色彩构成等比例关系非常重要，抓好比例关系可带给观者一种身心愉悦感，反之会有一种全身不自然之感，调整比例关系可能会改变这种不自然。（图2-41）

图 2-36　蜡染符号创意品牌　杨舒媛

图 2-37　蜡染品牌宣传海报　杨舒媛

图 2-38　蜡染文创钢笔　杨舒媛

图 2-39　蜡染文创胶带　杨舒媛

图 2-40　蜡染文创工作证　杨舒媛

图 2-41　蜡染名片　杨舒媛

· 非物质文化遗产再创意 ·

第三章 个性到共性：沉浸式体验

第一节　相关概念
第二节　感官与心理交织　实现全面沉浸式体验
第三节　创意运用：元素提取实现多元体验可能性
第四节　案例分析：编织——元素分解中的现代运用

第一节 | 相关概念

一、沉浸式体验

1. 什么是"体验"

"体验"是古老而又神秘的存在。早在农业经济时代,文人墨客们留下的无数千古名句是对"体验"的最佳见证。如"对酒当歌,人生几何!譬如朝露,去日苦多"。一代枭雄曹操曾经把多少的壮志豪情、慷慨激昂都寄托在酒中,在他眼里,酒不再仅仅是酒,也是他的万种思绪。作为全世界各大文明的共同"语言",酒承载着一个民族的历史记忆,更寄托着不同时代人们的种种情思。①工业经济时期,服务经济成为主流,我们往往将体验归属于服务,却忽略了超越服务本身的主观价值。当我们来到一个城市参与节庆中的抓鱼活动时,接受服务的同时,我们也在体验服务之外的生活乐趣,如拍照留念、转发朋友圈、体验不同美食……但是在享受这些乐趣的同时,我们也购买了一种体验,购买了一种让我们沉浸其中、难以忘却的主观记忆。(图3-1)长时间的主观记忆成为体验生活的一种方式。体验可能是一种娱乐、一种消遣,但是体验并不完全等同于娱乐和消遣。从某种意义上来说,体验至少包含4种元素,一些学者也称之为体验的"4E理论"。他们从消费者的参与形式和体验活动的关联方式角度,总结了体验活动的4种元素,即娱乐性、教育性、逃避性和审美性。这4个部分的组合构成了一个"体验王国"。②可见,体验是一种多维度的主观心理感受。那么,基于"体验"而形成的"体验经济"又该如何理解?

2. 什么是"体验经济"

从学术研究的角度来说,"体验经济"这一概念最早可以追溯到20世纪90年代。1997年前后,派恩(B.Joseph Pine Ⅱ)和他的合作者吉尔摩(James H.Gilmore)在《战略与领导力》中论述了他们关于体验经济的思考。这些思考来源于他们在"大规模顾客定制"课堂上的一次讨论:服务如何像产品一样实现大规模定制化?

图 3-1 游客体验民族抓鱼活动

---

① 蔡舒恒. 沉浸乐购:体验式消费新浪潮[M]. 北京:机械工业出版社,2022:3-4.
② 蔡舒恒. 沉浸乐购:体验式消费新浪潮[M]. 北京:机械工业出版社,2022:4-5.

派恩和吉尔摩认为，产品和服务的最大区别在于服务按需提供，而产品则在生产出来以后才售卖给消费者，二者存在时空上的差异性。由于产品的大规模定制需要在特定的时刻精准地定义、制造和交付适合每个客户需求的产品，从本质上来说，大规模定制即服务。那么，服务的大规模定制化又产生了什么呢？派恩和吉尔摩认为，体验正是服务的大规模定制化产物，因此超越了传统意义上我们所说的"产品"和"服务"，成为继工业经济和服务经济之后下一次商业革命的核心。①

当人们购买某种食品时，满足的是我们对这种食品的基本需要；当网购食品送到家的时候，我们享受了商家给我们提供的包括外卖配送等在内的一整套无形服务，此时我们更多的是在追求与众不同的服务消费体验。因此，从价值的角度来说，商品是有形的，服务是无形的，整个"有形+无形"的过程体验令人沉浸其中。那么，到底何为"体验经济"？体验经济是以服务为舞台，以商品为道具，从生活情境出发，塑造感官体验和思维认同，以此抓住顾客的注意力，改变其消费行为，并为商品找到新的生存价值与空间的新商业活动。（图3-2）

3. 创作个性

艺术家创作实践能力的形成与发展是具有一般规律性的，但是对于创作实践能力的具体实施，每个艺术家的表现是不同的。这种差异是一个艺术家有别于他人的特殊性，即艺术家在遗传素质、主观世界、生活环境、社会实践基础上形成的独特的生活体验、社会经验、审美感观以及创作实践才能的结合，这就是所谓的艺术家的创作个性。②艺术家的创作个性是

图3-2　西江千户苗寨敬酒歌《高山流水》（体验经济）

一定历史、文化、社会环境的精神产物。创作个性是艺术家在长期创作中慢慢形成的自己独有的艺术风格、艺术语言、艺术符号等现象。艺术家们继承了前人的艺术风格，并与前面时代的艺术家风格相互交织，最终形成自己的艺术风格。艺术家本身也在不断地追求自我创作个性，这种探究主要表现在对现实审美的独特性和运用手法上的独特性。创作个性是每个艺术家追求的目标。自己是否能找到自己的创作个性，是很难做出回答的问题，只能让时间做出最后的判断。

二、体验消费

1. 沉浸式体验与体验消费

沉浸体验，也叫沉浸理论、沉浸式体验，在心理学领域是指：当人们从事一项活动时，如果他们全身心投入，集中注意力，过滤掉不相关的知觉，他们就会进入一种沉浸状态。沉浸式体验理论的核心是心流理论，由著名心理学家米哈里·齐克森米哈（Mihaly Csikszentmihalyi）于1975年提出。心流理论的

---

① 蔡舒恒.沉浸乐购：体验式消费新浪潮[M].北京：机械工业出版社，2022：8.
② 童庆炳.艺术创作与审美心理[M].天津：百花文艺出版社，1992：6-12.

基本思想很简单，可以解释为人们致力于一件事的状态。在《设计的法则》里，"沉浸"一词解释为，当人们专注于由设计者营造的情境下且感到愉悦和满足，从而忘记真实世界的情境。此外，Ghani 和 Deshpande 从人机交互的角度，提出沉浸感的两个主要特征：完全专注于活动；由活动引导的心理享受。也有人将全身心融入的体验和感觉称为"沉浸式体验"，是一种将个人精神力完全投注在某种活动上的感觉，心流产生的同时会有高度的兴奋感和充实感，而外界活动机制的设定、物理空间氛围的营造更易使人达到心流的状态。

沉浸式体验使得人们在特定的时间段和空间中能够更为深切地体会到某些场景，使人们更加投入，最终为这场身心投入的体验过程买单。这次买单便被称为体验消费。体验一词来源于拉丁文，意指试验、探查。亚里士多德对体验的解释为：由许多次相同的记忆在一起形成的经验。派恩和吉尔摩 1998 年在著作《体验经济》中指出，体验是一种经济产出，它是对服务进行规模化定制产生的必然结果，而体验经济就是以这种产出为特征的经济形式。①而从消费的层面来看，体验就是以服务为舞台，以商品为道具，并以消费者为中心，创造能够使消费者参与同时值得回忆的行为。其中，服务是无形的而商品是有形的，其创造的"情感共振"式的体验最为难忘。消费者愿意为这类体验买单，因为它美好、非我莫属、转瞬即逝、不可转让、不可复制，它的每一个瞬间都是唯一。这一类消费被称为体验消费（图 3-3）

2. 沉浸式与个性、共性

一件商品或一项服务想要消费者产生消费的行为，就需要具备一定的共性，比如地域的共性与需求的共性。地域通常是指一定的地域空间，是自然因素与人文因素作用形成的综合体，一般有区域性、人文性和系统性三个特征。不同的地域会形成不同的地域景观，不同的地域景观又反映了不同的地域文化。地域的划分使得地域文化由于环境因素和人文因素而不同。不同的文化在一定的空间下又存在一定的共鸣之处，因此，在文化的沉浸式体验中激发人们消费欲望的还是地域的共性。除此之外，需求共性也是沉浸式体验消费的决定性因素之一。需求一般是指人们有能力且愿意购买某个具体商品和某

图 3-3　蜡染式拼贴图　王红霞

---

① B.约瑟夫·派恩，詹姆斯 H.吉尔摩.体验经济[M].夏业良，等译.北京：机械工业出版社，2002：246.

项服务。形成需求有三个要素：对物品的偏好、物品的价格和手中的收入。需求共性指的是该物品或服务在面向市场和消费者时，具有使消费者产生消费欲望的共同性质，拥有消费共性才能产生沉浸式体验。沉浸式体验也离不开被体验作品或服务的相关特点，比如创作个性。随着人们的审美品位的提升，各方面的追求不再是千篇一律，小众品位不断涌现。

第二节 | 感官与心理交织 实现全面沉浸式体验

作为后工业化时代的经济提供物，体验是让每个人以个性化方式参与其中的事件。它推动了多领域企业的转型，从标准化的商品和服务转向提供各式各样的个性化体验。[①] 沉浸式体验随之成为休闲娱乐等行业的团宠，最大限度地改变了大众认识、认知、共情于事物的方式。

非物质文化遗产的地域性分布决定其充满个性化与多元化特点。近年来，各地为探寻地方经济新的发力点，不断尝试沉浸式体验经济发展的新形势，并将其运用于休闲娱乐、科教科普领域，以唤起大众情感体验，使非物质文化遗产保护与创造性转化走向大众、走向共性成为可能。非物质文化遗产沉浸式体验既包括休闲娱乐，也包括科教科普，涉及范围较广，创意过程和体验方式层出不穷，形成非遗体验游等现象级活动。沉浸式体验作为目前最受欢迎的体验形式，是创意者通过新潮前卫的设计灵感或加上先进的技术手段，将非物质文化遗产体验项目与大众的视觉、听觉、触觉、嗅觉等感官体验实现及时交互，利用并结合当地文化特色或市场盛行的潮流组合成一个全新的文化体验世界，让大众能置身于创意者营造的基于现实的虚拟场景中，在整个体验过程中能全身心地投入沉浸式审美体验、手工体验、情感体验、观光体验等享受中，仿佛身临其境，最终达到体验项目能与大众有情感交流的高度与深度。

一、情感需求和自由体验为创意点

非物质文化遗产沉浸式体验项目对创意设计者的创新思维与创意能力提出了较高要求。创意设计者必须具备丰富的想象力和空间掌控能力，将非物质文化遗产的传统文化内核与沉浸式体验相融合，将传统与现代结合，融会贯通，构建全新的非物质文化遗产项目体验形式。通过注入体验因子，进一步激发非物质文化遗产创造性转化的可能性，探索非遗传统文化与现代创意思维、现代创意设计、现代生活理念等之间壁垒的消融途径，满足沉浸式体验者在现代生活中的精神需求和自由体验。

我国非物质文化遗产分为十大类，各类项目所展现的民族文化底蕴之深厚、内容之丰富，

---

① 花建，陈清荷.沉浸式体验：文化与科技融合的新业态[J].上海财经大学学报，2019，21（5）：18-32.

决定了进行非物质文化遗产沉浸式体验项目开发的可取素材可谓多样至极，其中蕴含的现代大众消费所需的精神文化、审美、娱乐等元素，均可通过创意手段"变现"为潮流。非物质文化遗产沉浸式体验以满足参与者情感需求和自由体验为创意出发点，正是基于传统与现代的不断融合趋势，需求个性与消费共性不断在细分市场上得到体现与验证。那么，在进行创意设计的过程中，必须以大众的需求为出发点，做到个性与共性不断交融，从个性需求引入市场共性潮流，为体验者创造满足情感需求的且自由化程度较高的沉浸式氛围，满足体验者生理和心理双重需求是设计目标所在。从非物质文化遗产沉浸式项目的各个部分和不同层面入手，如手工技艺、空间规划、场景布置、灯光调节、色彩搭配、声音氛围、体验顺序等设计要素，基于体验者显性需求和隐性需求设计出有故事、有内容、有新意且参与自由度高、情感需求得到满足的非物质文化遗产沉浸式体验项目。（图3-4）

图3-4　自由体验陶瓷创意设计台灯　袁卉

二、隐性需求发挥情绪的作用

大众的消费需求分为显性需求和隐性需求。一般而言，显性需求属于一种直观需求，是消费者具备条件并且能够实现的需求，如女性的护肤品等；隐性需求属于潜在需求，是消费者没有付诸购买实践的需求。隐性需求包括消费者未意识到或者意识到但基于现有条件未能形成购买的需求。显性需求来源于隐性需求，隐性需求在一定条件下可转化为显性需求。用户的隐性需求属于情感需求，用户无法通过言语表达和传递给设计师。刘津、李月在《破茧成蝶：用户体验设计师的成长之路》中提到，当一个产品的设计关注于用户的隐性需求时，这个产品就会给用户带来情感上的关怀。隐性需求是人的本能需求，只有通过前期不断地调研挖掘将它研究透彻，抓住消费者潜意识中的需要，才可以脱颖而出，设计出满足消费者隐性需求的非物质文化遗产沉浸式体验项目，创造更多意想不到的惊喜感和体验感。

从沉浸式体验角度切入隐性需求的精准挖掘，需要考虑以下几方面。第一，定位细分市场，确定隐性需求变现方式。非物质文化遗产沉浸式体验项目创意者在设计主题或场景时，首先要明确定位大众审美和认知需求，为体验者的体验过程营造良好氛围，并能够适应内容输出节奏与逻辑关系。沉浸式体验多与场景、情景息息相关，为了让体验者在特定时空内调动情感，沉浸其中，需要创意者考虑需求层次的问题，如情感需求、安全需求、社交需求、自我实现需求等，打破客观空间、事物等的限制，将体验者隐性需求变现为目标，结合非遗内涵，或实现跨界融合，或重塑典型地域文化IP，或根据体验者的特点实行区别对待。第二，沉浸式体验场景初印象把握。人类获取信息的第一渠道是视觉，视觉是人类接收符号信息最多、获取信息最快的渠道，视觉冲击是最直接的感官体验，是沉浸式体验首要考虑的要素之一。在打造非遗沉浸式体验场景的过程中，以文化要素为核心，运用合适的叙事手法将体验者体验需求与设计主题融合，尽可能将体验者设计为体验场景中的一部分，运用符号化手段与叙事方式将沉浸式体验项目的情节、美学元素等合理衔接起来，凸显传统元素的同时，把握体验层次，最终获取体验者在视觉方面的良好印象。第三，注重体验者在体验过程中的情绪作用发挥。沉浸式体验项目成功与否，需要用体验者外在表现情绪进行判断。赵江洪在《设计心理学》中提到，一个人在受到某种刺激后产生的一种兴奋激动的状态，不受个体自我意识所控制，可以起到干扰和促进个体行为的作用，引起人的生理与行为的改变。沉浸式体验项目是外在影响因素，通过刺激体验者感官而引起某种情绪上的波动。沉浸式体验项目对于情绪的调动，不是单一地展示某一元素或某一情节，而是将心理学中关于情绪调动的方式融入各细节之中，如观看一部经典电影，随着剧情的推进带动观众产生情绪变化，剧情跌宕起伏，观众情绪也如坐过山车般上下起伏。在创意过程中对体验者情绪的重视能让项目更具吸引力，在满足体验者寻求感官刺激的基础上在情绪上得到升华，激发体验者的情绪创造力，能在体验过程中得到满足感、沉浸感、惊喜感。

三、文化符号彰显故事趣味性

认知科学家罗杰·尚克曾说："人类生来就理解故事，而不是逻辑。"非物质文化遗产天然具有故事性，如神话传说、传奇事迹、历史脉络等均能在戏曲类、技艺类、美术类、医药类等非遗中找到相应"原型"，非遗自身所蕴含的功能指向性也为沉浸式体验提供了灵感与方向。故事的呈现需要深入挖掘文化符号，探究文化韵味，结合现实需求才可能做到以趣味性吸引体验者。尽管讲故事的方式有千百种，但体验者所需的精神内核是有迹可循的，所以需要创意设计者挖掘文化符号进行二次创作，使体验者与非遗故事情境进行互动交流，呈现独一无二的故事效应，将传统非遗文化符号与现代体验需求元素进行结构重组，体验者在享受创意设计者预定情节的同时，也能从中创造独特的快乐体验，打造独一无二的沉浸式体验成效。（图3-5）

对于创意设计者而言，挖掘非遗文化符号是项目实施前必要且至关重要的工作。在项目打造过程中要以彰显故事趣味性为目标，首先要注意故事设计的整体情感性与系列性。要以内容为先、形式为辅，内容可以根据主线有所夸张和虚构。故事的夸张和虚构手法更多地体现出人类的想象力和逻辑能力，促进体验者达到情感上的共鸣。如日常观看科幻电影、阅读玄幻小说般代入自我，在奇妙的世界里体验不一样的生活，却能引发人生感悟与情感共鸣。创意设计者要在故事内容的创造上力求将非遗文化符号与现实融合，在情节设计上融入更多情感，以下两个角度值得考虑。第一，故事内容须与非遗文化元素紧密融合。非遗文化元素的挖掘与其传承保护有着直接关系，以创意故事为呈现方式能让现代中的体验者与传统中的文化元素进行文化上的交流，可以让体验者更全面形象地了解非遗中的风土人情,所以,故事内容精彩程度、底蕴深厚与否与非遗文化元素的挖掘及创意设计者运用的手段息息相关。第二,故事角色个性突出。非遗故事型沉浸式体验需要让体验者对故事角色产生深刻记忆,突出角色个性,有利于体验者与角色形象、角色经历产生情感互动。对于大部分体验者而言,现阶段的非遗教育普及与沉浸式体验暂未达到广为人知的程度,所以在故事设计中融入一些传统神话色彩或鲜为人知的故事角色,利用家喻户晓的传统故事引起体验者共鸣,同时也能体现创意设计者对故事创作的丰富想象力。(图3-6)

龙纹	凤凰纹	鸟纹	鸟纹
鱼纹	蝴蝶纹	葫芦纹	铜钱纹
树纹	铜鼓纹	几何纹	几何纹

图3-5 马尾绣文化符号图案冰箱贴设计 商万里

吉　　　　　寿　　　　　春　　　　　满

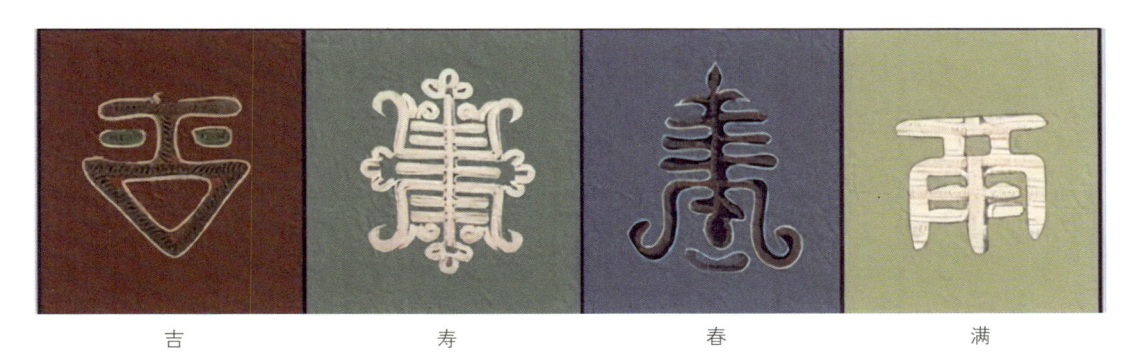

图 3-6　马尾绣文字符号冰箱贴设计——吉、寿、春、满　商万里

四、实现生理心理的沉浸式融合

沉浸式体验需要现代技术做环境氛围营造、项目立体化等支撑，如全息投影、3D、人工智能、VR、虚拟场景绘制等，以便创造出更自由、更具想象力的全方位沉浸式体验空间。沉浸式体验项目主要包括生理和心理两个维度的体验需求。生理上，沉浸式体验是以技术为载体，为体验者提供视觉、听觉、嗅觉、触觉等感官上的刺激和多方位的沉浸体验；心理上，沉浸式体验主要通过复合型手段引发体验者情绪上的变化，让体验者既有身临其境的真实感，又有情感变化趋势，在感受非物质文化遗产质朴魅力的同时思考生活甚至人生的意义。所以，在现代技术的加持下，非物质文化遗产沉浸式体验实现生理与心理的交互沉浸融合，全方位满足体验者的消费需求。非物质文化遗产沉浸式体验将现实与虚拟交织在一起呈现不一样的世界，这种形式的体验感受是通过体验者和情境之间不断进行融合实时产生，在获得情境中抽象和复杂的信息的同时，非物质文化遗产沉浸式体验项目的创意设计者需要不断探索新的更抽象、更科学的交互关系，引导体验者从生理到心理上享受超越时空的思考性体验。"在大数据时代下的人工智能、数字化创意和数字内容等基础上，体验是与时俱进、步步升级的，可以总结为三重体验：感官体验、情感体验、精神体验。"[①] 这三重体验在体验者的体验过程中是相互融合、相互作用的，最终达到生理和心理双重沉浸式体验的交互效果，所以技术手段的加持可以创新人与自然、人与物、人与机械、人与社会之间关系的新的思考与行为模式，通过在情境中不断实践而形成多元复合的交感体验，产生生理加心理交互沉浸的理想效果。

---

① 柴彦宇.交互叙事视角下数字化夜游的沉浸式体验设计策略研究——以 Moment Factory "lumina" 为例[D].无锡：江南大学，2021：56.

第三节 创意运用：元素提取实现多元体验可能性

一、潍坊风筝

1. 潍坊风筝的历史背景

风筝是我国传统工艺产品之一，结构有木骨架结构和竹骨架结构，现在的风筝主要是竹骨架结构。随着科技进步，蒙料由过去的木料变为纸料、绢料、涤纶料、油质料等材料，放飞的风筝线也由麻线变为呢绒线、化纤维线等，缠绕转轴变为自动的机械式转轴。风筝分布在中国的不同城市，如北京、山东、天津、南通等地，并发展成不同流派，有"鲁碟""京燕""津奇""南响"四大流派。

潍坊风筝是中国最早一批非物质文化遗产之一，2006年，被列入国家级非物质文化遗产代表性项目名录。它是劳动人民智慧的结晶，凝聚着齐鲁人民的文化精神。潍坊风筝制作工艺简单，内容丰富，种类多样，主要有具象和抽象两种，图案有动物类、人物传说类、植物类、其他类等，其中动物类最为出名，以蝴蝶风筝、蜈蚣风筝为代表。

潍坊风筝的历史可以追溯到2000多年前春秋战国时期，古书记载，"六国时，公输班亦为木鸢以窥宋城"。书中记载的木鸢是现代风筝的原型，它主要被用于军事。随着东汉时期造纸术的改进，纸糊风筝技术得到发展，"木鸢"变为"纸鸢"。明清时期，放风筝成为重要的娱乐活动，其功能由过去的军事功能变为娱乐功能，并形成"南有南鹞""北有北鸢"的局面。抗战时期，社会动荡不安，人们生活艰难，传统手艺人受到迫害，潍坊风筝进入没落阶段。改革开放后，在政府的大力支持下，风筝开始走进人们的生活，并逐渐成为地方经济产物，风筝企业应运而生。潍坊风筝不断融合地方元素，把杨家埠年画与风筝元素融合，形成独具地方特色的风筝文化。地方政府紧跟中央政策，抓住机遇大力发展潍坊风筝产业，举办了每年一届的潍坊国际风筝会，潍坊风筝开始在国际上展示特有魅力，潍坊风筝产业开启了国际化道路。

2. 潍坊风筝的制作工艺

风筝的制作工艺决定着它是否能飞上蓝天，风力的大小是风筝飞上天的基础，风大放大风筝，风小放小风筝。风筝的造型不同、体积大小不同、色彩图案内容不同等，都体现出制作工艺的不同。

风筝的制作工艺分为"扎、糊、绘、放"四个部分，材料是纸、胶水、竹子、高粱秆、线绳、笔墨颜色等。扎是制作风筝的骨架，是制作工艺的重要环节，扎的形状决定着风筝的外貌。用竹子扎制骨架，用到的工具有刀、板锉、剪刀、钳子、胶水、线等工具。扎的技巧有劈、挫、剪、刮、粘等部分，在扎竹子时要左右对称，形状不对称会影响放飞效果。糊是指用胶水固定纸、绢等蒙料，让风筝骨架和蒙料连接在一起，目的是挡风。纸糊风筝成本低，纸上加上绘制内容，会让风筝的艺术性加强，这样能带来更高的经济价值。纸糊风筝的图案比较丰富，颜色比较鲜艳，放飞时能呈现较好的效果。蜈蚣风筝一般是选取纸糊工艺，目的是放飞时轻便，能增加蜈蚣风筝的长度，放飞时蜈蚣的身子和尾巴在空中摆动，效果更佳。绘是指在风筝的纸面上绘制图案，颜色主要是水粉材料、丙烯材料，绘的内容有鱼、鸟、蝴蝶、神仙人物等。现在很多风筝在绘制上省略制作工艺，图案是电脑打印，直接用熨斗固定骨架，效果虽然不及绘制的有艺术性，但是整体感觉还是不错的。放是风筝制作工艺的验收阶段，更是理论与实践的效果展示。放过风筝的人都知道，风筝泄风线路很重要，有句俗语是"风驱下，体驱上"，风的大小直接决定了风筝的放飞高度。风筝的放飞离不开线的固定，线在风筝上拴系的位置要与风筝放飞的角度成一定的比例，比例不对放飞会有一定的难度。

3. 潍坊风筝的文化内涵

潍坊风筝的文化元素丰富，主要由抽象、具象两种内涵特征构成。抽象元素的装饰性由图案完成，具象元素的装饰性由动物、人物等图案完成。在过去生产力落后的年代，人们对大自然的认知有限，会在春秋季节，通过放风筝活动，表达祈求太平幸福的愿望。人们还认为放风筝可以把晦气放走，希望风筝带来美好的未来。抽象图案中有龙的形象。风筝中龙的形象与衣服上龙的形象是有区别的，头部是立体龙头形象，身体是蜈蚣形象，龙的长短根据设计者要求而定，可长可短。放飞龙形风筝代表着人们的祈福，祈求风调雨顺；龙身由多脚蜈蚣构成，寓意多子多孙，多福多寿。潍坊风筝的具象文化内涵表现在骨架结构和形象符号上。骨架多为均衡式，左右对称，如蝴蝶、燕子、蜻蜓等形象均以均衡式呈现。形象符号的艺术手法主要采用夸张和变形，如蝴蝶的翅膀，要比正常蝴蝶的翅膀大很多，仙鹤的脖子要比现实中仙鹤的脖子更灵活。颜色运用更夸张生动，一般不用或少用蓝色，是为了在蓝天白云下放飞时形象更清晰。形象的夸张变形是为了风筝

图 3-7 潍坊风筝

在放飞时更容易起飞，在天空中更绚丽，从而突出取材形象的个性。（图 3-7）

潍坊风筝有独特的文化内涵，同时与外地风筝有共同的娱乐内涵，在放飞时能给参与者共同的沉浸式体验。风筝升天的首要前提是有风——"好风凭借力，送我上青云"，晴空万里并不一定能放飞风筝。有一句口诀就是"风驱下，体驱上"，"风驱下"是指陆地上的风与风筝所形成的夹角，导致风向风筝下面吹送，这样所产生的反作用力就可以把风筝向上抬，就形成了"体驱上"的条件。[①] 在放飞过程中，风筝以自身的个性促成了人们共同参与的共性。人们在放飞风筝的过程中找到了共同的娱乐性，快乐地参与放飞活动正体现了风筝现在特有的文化内涵，给人们带来了精神享受的愉悦性。沉浸式放飞风筝是风筝由个性到共性的转化，设计师抓住风筝的娱乐共性，创意设计出新的风筝文创产品。（图 3-8）

---

① 张涵. 子潍坊风筝设计的审美元素与创新研究[D]. 哈尔滨：哈尔滨理工大学，2015：8.

4. 潍坊风筝文化符号的创意体现

潍坊国际风筝会的成功举办为风筝创新打下了基础。风筝会上的风筝有传统派、民间派、现代派等，总体创意都有与时俱进的设计理念。现代派是风筝爱好者和非遗传承人继承与创新的结果，他们在材料、设计、结构、造型、图案等方面进行创新设计。审美元素在设计中的创新，主要体现在颜色、内容、主题、形态等方面，颜色越来接近现代生活，色彩更加丰富，内容与活动主题相结合，如与奥运会结合，设计出奥运五环风筝。它打破了传统概念中的风筝形式，没有太多的图案，形象由五环和五色构成，结构还是传统的竹骨架结构，整体设计给人一种现代感。如何让风筝给地方的文化经济带来更大利益，是设计师和学者需要思考的问题。风筝文创产业的建设需要抓住风筝的文化内涵、艺术特征、娱乐共性等进行创意再设计。（图3-9、图3-10）

（1）潍坊风筝的文化符号在文创产业中的应用

蝴蝶图案在礼盒包装上的应用。外观整体设计以蝴蝶元素为符号，打开礼盒，纪念品是不同形式的蝴蝶风筝，做工精细，色彩鲜艳，形象微小，主要是用于展示，不同于用于放飞的大型风筝。用蜈蚣、蝴蝶、燕子、金鱼、蜻蜓等动物形象装饰精美的风筝礼盒，成为潍坊纪念品的品牌形象。2021年，风筝非遗传承人郭宏利与体育品牌匹克合作，利用风筝文化符号设计出"闪现3"主题球鞋。图案主要选取风筝动物外形和现代设计元素，将吉祥寓意与美好祝愿融合，穿上它行走在路上可以展示中国传统文化，寓意放飞中国梦想。潍坊风筝与品牌的融合，是非遗跨界式创新的体现，风筝与旅游结合，与数字媒体产业融合，完成了"风筝非遗＋文创产业"，让风筝非遗文化传承和传播更有意义和价值。（图3-11）

（2）潍坊风筝的文创元素在生活中的应用

设计师创作的雕塑屹立在广场中，广场周边路灯由动物翅膀形的风筝做成，灯光在黑暗中呈现出不同的艺术效果。

（3）风筝元素在服饰上的运用

风筝元素符号在服饰上的挪移设计，例

图3-8　喜洋洋风筝

图3-9　2022北京冬奥会奥运五环硬翅风筝　赵铁民

图 3-10　奥运五环风筝

图 3-11　匹克闪现 3 代 "风筝" 球鞋　郭宏利

如在上衣后背上的设计，动物形象的风筝在后背上放飞，儿童穿在身上跑动起来像移动的风筝在飞翔。

设计师对风筝符号进行创意再设计，并运用到不同领域，作品呈现出不同风格，让风筝爱好者爱不释手。（图 3-12）

二、大方漆器

1. 漆器简介

中国是世界上最早认识和使用漆的国家，已有 8000 多年的用漆历史。漆是一种非常古老的自然物质，中国是最早将其制成涂料应用

图 3-12　风筝文创礼盒　李晓雯

到器物上的国家。早在新石器时代，漆器工艺就开始在华夏大地上萌芽了。这一时期为漆器工艺的起步阶段，人们主要是对漆这一材料进行初步探索，并将其简单涂抹到日常用品上，有红、黑两种颜色，工艺有彩绘和镶嵌两种。漆器作为一门古老的装饰工艺，最初的使用目的是物品的防腐、防潮，增加物品的耐用性，其次才是美化功能。后来，随着陶器、瓷器、青铜器等器物生产工艺的发展，漆器的实用功能开始弱化，装饰功能开始增强，漆器最终演化成了人类工艺史上一颗璀璨的明珠。

春秋时期，中国漆器工艺迎来了发展的黄金时期。这一时期的漆器分布广泛、影响深远、工艺成熟。战国时期，漆器开始了其最辉煌的高速发展时期。至西汉，漆器工艺发展到了趋近完美的程度，无数精美且兼具实用价值与艺术观赏价值的顶级漆器工艺品纷纷问世。由于瓷器美术工艺技术的成熟，精致的瓷器迅速占据了漆器原本的地位，从此，漆器在日常生活中的使用变得越来越少，其手艺传承人也在迅速减少。时至今日，漆器历经了岁月的沧桑与变革，已经完全由实用性走向了艺术性，其功能也由实用功能转向了装饰功能。

2. 贵州大方漆器的特点

贵州省大方县被称为"中国漆器之乡"，据考证，大方漆器最早发端于三国时期，由于西南山区气候潮湿炎热，漆器一直是当地居民的日用品。明清时期，大方漆器的工艺已经成熟，并有许多本土元素融入漆器的制作当中，漆器工艺慢慢发展成了一种华丽而精美的工艺艺术。大方县在明代作为黔西北地区的政治、经济、文化中心，由于其繁荣的社会环境以及不断丰富的经济活动，往来旅客众多，不同地区的文化精华在此地交相辉映，不断交融，为大方漆器带来了前所未有的创作灵感与文化交流。大方漆器进贡朝廷，使其迈入了飞速发展阶段，装饰元素与民族元素融合，实用价值与艺术价值融合，成为当时不可多得的工艺珍品。

（1）颜色

大方的漆器自古以来都是以较为单一的黑色和红色为主，近现代以来加入了彩色矿石元素，才使得漆器的颜色种类变得丰富起来。在相当漫长的历史岁月中，大方地区的政治、经济、文化长期由彝族人民所引领。由于彝族人民早期多以游牧生活为主，且彝族人的服饰与生活用品多以黑、黄、红色为主，从中不难看出彝族人民在千百年来的历史实践中，总结的审美经验是蕴含了古朴的游牧民族思想与农耕文化思想的。这三色的使用，结合彝族传说与民间故事，既体现了原始巫术色彩，又包含了对自然审美的朴素心理。

贵州大方漆器通常采用黑色为底色，随后以黄色、红色相间画上各式各样的图案纹样用于装饰。大方漆器的三色颜料均取自自然物质，分别是土漆、石黄与银朱三种天然颜料，将黑、黄、红三色进行巧妙搭配、彼此相间，能画出精妙绝伦的艺术品，且三色在漆器的图案纹样塑造中只能间隔使用，而不能混合使用，技师们宽窄细几种笔交替使用，先给漆器上底色，然后在底色上画出纹饰，再进行遍涂铺色，上色要圆润均滑。上色方法看似简单，但非常考验画师的技艺，刚上手的技师画出来的线与形，明显有不稳重之感，难以使漆器图案与器物本来的精神融合，导致器物的艺术效果大受影响。

（2）图案纹样

图案纹样作为一种极具地方特色的文化载体，不同的纹样有其独特的思想内涵与文化意蕴。贵州大方地区的彝族祖先以游牧生活为主，对自然极其敬畏。人们通过对自然的理解与想象，创造了种类丰富、数量众多的图案纹样，并将这类有着特殊寓意的纹样绘制到器物上，表达对自然的敬畏与对美好生活的向往。贵州大方皮胎漆器纹饰图案可分为自然现象图案、动物图案、植物图案、生产或生活用具图案、其他图案五大类。（图 3-13）

图案优雅逼真：大方漆器的图案设计精细入微，图案中的金花、龙凤、人物、山水、花卉等形象栩栩如生，优雅逼真。这些图案不仅具有极高的艺术价值，而且体现了贵州地区丰富的民族文化和浓郁的自然风情。

隐花技艺独特：隐花是大方漆器的独特技艺，艺人们巧妙地将各种花纹隐衬在漆料与胚体之间，若隐若现。这种技艺使得大方漆器的图案更加神秘且富有韵味。

嵌花细腻雅致：大方漆器的嵌花技艺细腻纤巧，清幽雅致。它采用细腻且丰富的勾勒手法，将各种景物嵌入漆器之中，生动形象地描绘了贵州的自然景物和人文风情。

（3）造型

大方漆器的传统造型多以日常使用的工具、器物为主，如各式各样的兵器、农具、容器等，随着漆器实用功能的减弱与装饰功能的增强，大方漆器越来越注重器物形状的开发与运用。

古朴雅致：大方漆器的造型古朴雅致，以质地坚实、涂漆光亮、漆色润泽生辉为特色。其造型设计注重实用与美观结合，使得大方漆器不仅具有实用价值，同时也具有很高的艺术价值。

实用耐用：大方漆器不仅外观精美，而且实用耐用。它可以用作食具，具有不导热、不串味、不漏水、不生虫等优点。同时，它还耐酸、碱，不易腐朽，不褪色，深受消费者喜爱。

3. 大方漆器的工艺流程

大方漆器的制作工艺经历了数百年的发展，已经由最初的直接涂抹晾晒演变为今天的五十多道工序与八十二道生产环节，其制作工艺之精湛、工序之烦琐严谨，令人赞叹不已。每一步精细的制作，造就了如今的大方漆器。其制作工艺分为坯制漆、胎坯、灰地、漆地、装饰五大工艺。大方漆器以皮胎漆器为最佳，皮胎隐花漆器最具当地漆器特色。皮胎漆器制作时间长达 50 天，其制作技艺是大方漆器的灵魂，也是大方被称为"中国漆器之乡"的根本。（表 3-1）

图 3-13　漆画作品　高光友

表 3-1　大方皮胎漆器的制作流程

序号	步骤	说明
第一步	制漆	选用大方本地产优质生漆过滤或熬制、调色等，制成不同工序要求的生漆、熟漆及色漆
第二步	坯	选用优质黄牛皮做胎坯，用小钉将牛皮固定在木制或石膏状胎坯上自然风干成型
第三步	灰底	选用过滤后的生漆与不同目数的黄灰或瓦灰充分搅拌后制成漆泥，然后糅涂在胎体表面。一般涂4遍，分别为粗灰、中粗灰、细灰、极细灰。每道灰底干透后均用不同目数砂纸打磨平整，方便进行下一道工序
第四步	漆地	选用过滤后的生漆整体涂抹，打磨后的胎底涂漆需重复2~3遍。每遍漆干透后均用不同目数砂纸通体打磨，以达到平整的效果。再用制好的色漆整体淋涂3~5遍，根据实际需求增加涂抹次数。再重复进行打磨
第五步	装饰（描金）	根据不同的工艺要求进行描金填彩、蛋壳镶嵌、打捻等工序，以达到所需效果
第六步	装饰（贴金箔）	贴金填彩，根据图形需求填不同的色彩，并进行蛋壳镶嵌、打捻等工序，以达到所需效果
第七步	罩面漆	装饰结束后选用熬制透明面漆进行通体淋涂，一般需要淋涂3~5遍，每层漆干透后需进行精细打磨，以使漆面整体平整。精磨后用不脱毛棉布或棉花蘸取熟漆对器物进行3~5遍的整体薄涂揩清
第八步	推光	漆面干燥后蘸取少量食用油涂抹器物表面，用极细目黄灰或珍珠粉通体擦拭，再用手掌通体推擦，直至器物表面光可照人

4. 大方漆器的创新

大方漆器作为全中国乃至全世界的非遗珍宝，凝结了无数手艺传承人的心血与智慧，发展至今历经了数百年的传承与创新。大方漆器无论是在工艺上，还是在产品质量上，都呈现出传统漆器美学的成熟程度，但就是这样一门荟萃了传统优秀文化与独特中式美学的传统工艺美术品，在新时代工业化与机械化快速发展的今天，却面临着前所未有的发展瓶颈。大方漆器想要破局，必须将产品带到大众的视野当中，在如今的市场中找到清晰的自我定位，才能进一步实现长足发展与创新传承。

（1）漆器家具创意设计

随着社会生产力与现代人生活水平的提高，人们对现代家具的需求已经不再局限于"好用""质量好""大品牌"等传统认知，将更多的新技术、新设计、文化赋能等因素融入设计中，成为越来越多消费者选择家具的依据。大方漆器元素有着独特的文化底蕴与经典的中式审美情趣，将大方漆器的元素融入家具设计中，赋予家具独特的艺术感和生动的审美神韵。消费者在日常与创意漆器元素家具交互的过程中可以满足自身对家装个性化和文化内涵的需求，结合漆画装饰、漆器屏风等家具整体塑造沉浸式的美学场景，让消费者在沉浸式的中式漆器家具中体验中国器物之美。大方漆器的独特工艺和材质，赋予其创意家具一定的观赏价值和收藏价值。（图3-14）

具体创意设计路径：研究大方漆器的传统图案和颜色，并将其融入家具的表面装饰上，除了表面图案设计以外，在家具的造型设计上融入大方漆器的传统审美元素和现代色彩元素，增强家具的艺术性和实用性。除此之外，设计师可以利用大方漆器的特殊工艺，在家具表面进行漆层的处理，以提升家具的质感和光泽度。家具在大方漆器工艺的包装设计下，让人们改变了对传统家具的认识，让家具更具有艺术性

图 3-14　漆器创意家具展示　高光友

和收藏性。漆器工艺在家具上的普遍应用，能更好地传承与传播漆器工艺。（图 3-15）

（2）日用品文创设计

大方漆器作为一种设计元素与装饰工艺进行市场拓展的时候，除了家具市场外，在日用品文创上也有着广阔的市场与发展潜力。日用品是人们生活学习中不可或缺的必需品，将大方漆器元素融入日用文创产品设计可以传递中华传统文化的独特魅力，将个性化的漆器转化为共性化的漆器日用品，从生活学习的点滴中提升人们的生活品质和审美能力。（图 3-16）大方漆器独特的工艺与材质，与日用文创产品融合，让文创产品变得更加精致耐用。不论是自己使用还是当作礼品赠予他人，都是极具性价比的选择。（图 3-17、图 3-18）文创产品注入了大方漆器的文化符号，让丰富神秘的中华传统文化元素在文房四宝中呈现出特有的艺

图 3-15　漆画创意屏风展示　高光友

图 3-16　漆器墨盘

图 3-17　漆器圆盘

术魅力，对国外的消费者也具有一定的吸引力，成为文房市场上最亮的星。（图3-19）

设计师利用大方漆器的传统图案和色彩，设计出具有艺术感的文房四宝，如书签、笔筒、墨盒等。大方漆器包包上的元素与刺绣融合，与印花结合，打造与众不同的漆器产品。在产品的包装设计上，采用大方漆器的色彩和图案，结合现代设计元素，给人们很强烈的仪式感和设计感。

（3）包装礼盒的创意设计

包装礼盒是展示产品的重要环节，富有文化底蕴的包装礼盒设计可以给消费者带来良好的购物体验，并留下深刻的印象。个性化的漆器包装将大方漆器元素融入特色创意设计，可以使包装礼盒更加精致、高雅，打开产品的过程就是与漆器互动的过程，不仅能给消费者带来良好的购物体验，还能提升消费者对产品的认可度和购买欲望。除此之外，还可以使包装礼盒具有一定的收藏价值，进而提升品牌形象和产品价值。

特色包装创意主要围绕包装礼盒的外观设计，运用大方漆器的图案和色彩，结合大方漆器的工艺特点，充分挖掘大方漆器的文化内涵。在包装礼盒的制作工艺上进行创新，可增加其独特性，实现个性到共性的转化。优秀的漆器礼盒包装设计整体营造出精美而又富有东方韵味的视觉效果，设计师应设计出与产品相匹配的创意礼盒，以提升消费者对品牌产品的认知度。（图3-20）

（4）大方漆器品牌的塑造

随着社会生产力的高速发展，人们对日常生活用品的选择由原本的实用、耐用需求衍生出更多的个性化需求。在国际贸易的浪潮中，历史悠久的传统工艺品在外来工艺品与现代机械化生产的冲击下慢慢走向衰落。大方漆器的传承与发展面临着是继续坚守传统还是发展新方向的抉择。

大方漆器作为地域传统产业，具有无法被替代的价值。对于日常实用器物来说，大方漆器已经逐渐偏离市场有利位置，但作为文化艺

图3-18　精品漆画日用品圆盘展示　高光友

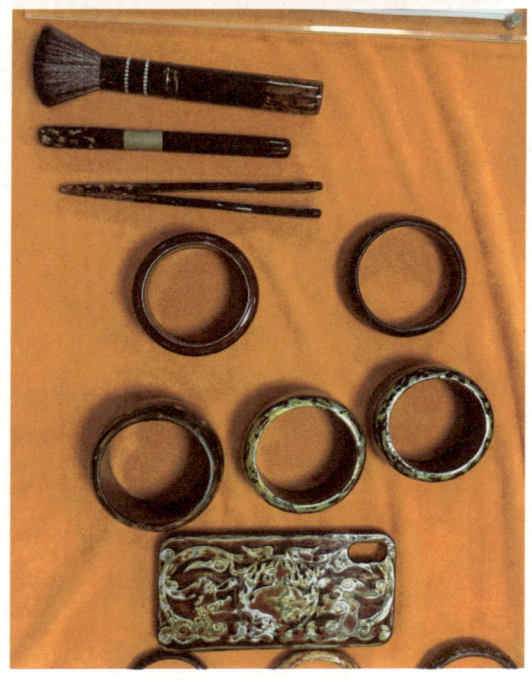

图3-19　漆器元素日用文创产品展示　高光友

图 3-20　漆画创意茅台酒礼盒　高光友

术消费品来说，大方漆器具有独特的文化艺术价值，其关键在于要针对消费群体的兴趣、爱好、审美情趣及文化内涵需求进行产品打造。文化内涵决定了大方漆器在装饰艺术市场的深度；造型、功能、图案的创新决定了大方漆器在消费市场中的宽度。探索新时代大方漆器的创新发展道路，离不开现代消费者的审美与文化需求。只有结合消费者喜闻乐见的创新设计元素，融合文化内涵与产品形式、功能的创新，才能更好地适应市场需求。经营者、设计者借助现代化新媒体网络的传播，使大方漆器的创新产品有机会走出大山，走向全国乃至全世界，走进千家万户的寻常百姓家中，大方漆器品牌才能进一步得以塑造和发展。（图 3-21）

三、雷山银饰

1. 银匠村

以银子为原料的首饰与配饰大都由专门的工匠来制作，如西江镇打制银饰主要有两个渠道：一是在西江古街上的银饰店打制，主要服务外地游客；二是到邻近的控拜、麻料等银匠村打制。过去的控拜银匠学徒一般从十五六岁开始跟着师傅走乡串寨，开始只干一般的杂活，如拉风箱、传递工具等，工钱一般归师傅，徒弟只得饭吃和零花钱，三年以后徒弟出师，可独立谋生。现在走街现象很少出现了，主要是集中在专门的场域，如景点、博物馆、师傅的银饰专卖店等。在贵州省凯里市湾水镇洪溪村，雷山县大沟乡的控拜村、麻料村、乌高村，台江县的九摆村、塘龙苗寨等地，几乎家家户户都从事银饰的制作，被当地人称为"银匠村"。村子有着数百年的银饰制作历史，生产的银饰品除了销往全国各地外，还远销日本、美国等国家。银匠村的银匠有些常年在外地，如北京、

图 3-21　漆器联名茅台酒礼盒　高光友

上海等大城市,制作银饰并开设店铺销售,凭着这种特殊的技艺在当地生活;还有一些只在本地和附近的村寨活动,他们一般农忙时务农、农闲时外出为人们打制银饰,活动范围多集中在省内,为当地的苗族、侗族、瑶族、壮族、布依族、水族等少数民族加工银饰。(图3-22)

2. 银饰制作的工具与工序

苗族盛装服饰中的银饰,如头饰、颈饰等都是由九九银或九二银做成,苗族称其为"苗银"。(图3-23)银饰工艺以前传男不传女,现在开始有女性参与银饰的制作。银饰工艺技术随着时代科技的发展,由白铜代替银子,并由机器模具来制作艺术品。机械批量生产降低了成本,但技艺传承受到了影响,作品失去了审美趣味。

银饰加工主要是以家庭作坊为单位,以手工操作的形式完成。银饰制作的工具和工序比较复杂。(表3-2)

表 3-2 银饰制作的工具

项目	种类
工具	铁墩、大小铁锤、风箱、熔炉、油灯或汽灯、铜锅、银锅、银槽、松香板、木焊板、焊银压板、弯头气管、拉丝板、骨秤、锥刀、铗银钳、抽丝钳、拉丝钳、方形钻、圆形钻、扁空心钻、指甲钻、锥钻、卡钻、镊子、剪刀
工序	熔银、铸型、锻打、拉丝、压坯模、錾刻、焊接、编织、洗涤、刷亮。根据款式不同,银匠先把熔炼过的白银制成薄片、银条或银丝,再运用上述工艺,做成不同部分的部件,最后以焊接或编织的形式连接成型

图 3-23 台江银饰项圈

图 3-22 台江银饰作品

3. 银饰的制作过程

（1）银角的制作过程

银角的制作工艺非常复杂。从形态上看，银角的形状呈水牛角状，一般分为3种不同的型号：大型银角两角之间宽为60多厘米，中型银角两角之间宽为50多厘米，小型银角两角之间宽为40多厘米；高度在60~70厘米，也可以根据顾客要求来制作尺寸，基本变化不是很大。

以小型银角来说，其制作过程包括熔银、铸型、锻打、刻纹、制作和接银，以及清洗6个步骤。银角从形态上看类似水牛角的样子，但不是锥状，而是片状，银片厚度为10多厘米。银角图案一般为"双龙抢宝"（中间元宝可以看作"太阳"）、"龙凤呈祥"，每条龙身大约长30厘米，宽5厘米，厚0.5厘米；凤的位置在银角的尖端；元宝为半球形，直径约6厘米，厚度约为0.15厘米，外有4层

图 3-24　制银工艺

凸起的小圆点，如太阳放射的光芒。以上铸造基本的图形需用时约3天。元宝为"向日葵"的交叉纹样，内为"福"字，还要在龙身上装饰曲线纹、鱼鳞纹，以上雕刻细纹需用时约3天。锻打是一个重复的工序，用时约3天。银棕片的剪型、造型、雕刻用时约5天。整个银角的制作用时为10天左右。（图3-24、图3-25）以下为具体步骤。（表3-3）

表3-3　银角的制作步骤

名称	方法
熔银	1. 点火后加热10分钟左右，待温度达到1000℃后将银熔为银水 2. 倒入银槽，冷却后银水成为银块
铸型	1. 用火烤松脂，待其冷却后将其定型成松脂板 2. 将银薄片放在松脂板上，用撞钉对其反面进行撞打，形成一定厚度的"双龙抢宝""龙凤呈祥"或"太阳"的形状 3. 锤打时，反面凹下去的部分是正面凸起的部分
锻打	1. 将银片加热约2分钟，待变红后锻打至冷却，再加热变红再锻打至冷却 2. 加热的时间逐渐加长，百余次后，成牛角的模型
刻纹	将银角的背面放在手上，在正面雕刻元宝、龙身上的各种细部纹样
制作和接银	1. 制作银棕片，剪出其形状 2. 用锤打的方式造出上面的纹样，再雕刻细纹 3. 银棕片接于银角正中的反面（银棕片长约22厘米、宽约8厘米、高约10厘米，棕片下有两根长约6厘米、宽约1厘米的银插针。棕面上有银片12片，长14厘米、宽2厘米。棕片内刻有花朵、飞舞的凤及蝴蝶的纹样）
清洗	1. 将银放入明矾水中浸泡2次，每次约10分钟，或将其放入磷酸液中浸泡约2个小时 2. 将在以上溶液中浸泡过的银角放进冷水中，用铜刷刷洗 3. 最后用炭火烤干或用电吹风吹干

（2）银雀的拉丝制作过程

银雀的整个工艺流程包括熔银、锻打、拉丝、造型、焊接、清洗和装配7个步骤，总用时约15天。银雀制作过程中最具代表性、工艺最为繁复的一个步骤是拉丝。银雀的拉丝工艺烦琐，工具为拉丝板，每个丝点为0.3毫米，具体制作过程如图3-26所示。

图3-25　台江苗族银角

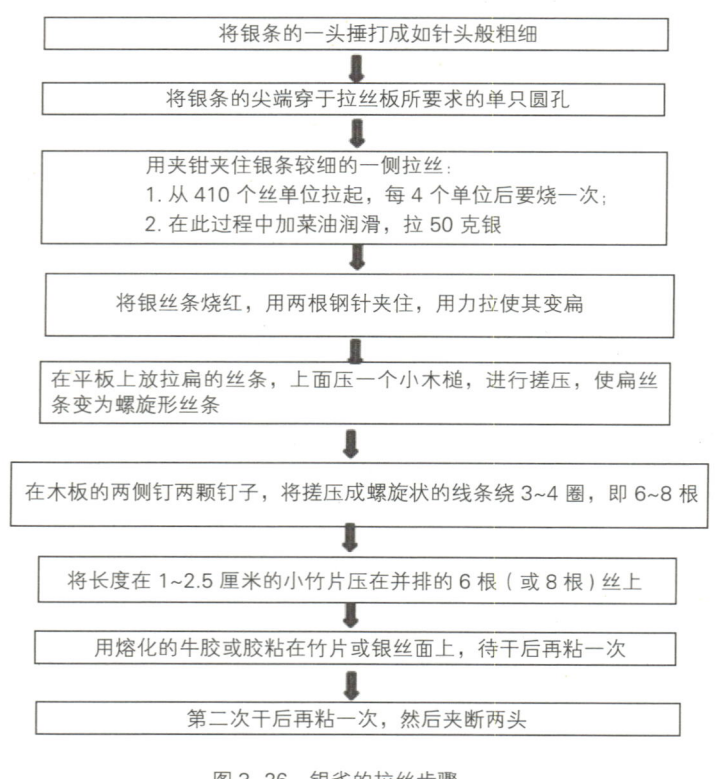

```
将银条的一头捶打成如针头般粗细
         ↓
将银条的尖端穿于拉丝板所要求的单只圆孔
         ↓
用夹钳夹住银条较细的一侧拉丝：
1. 从410个丝单位拉起，每4个单位后要烧一次；
2. 在此过程中加莱油润滑，拉50克银
         ↓
将银丝条烧红，用两根钢针夹住，用力拉使其变扁
         ↓
在平板上放拉扁的丝条，上面压一个小木槌，进行搓压，使扁丝条变为螺旋形丝条
         ↓
在木板的两侧钉两颗钉子，将搓压成螺旋状的线条绕3~4圈，即6~8根
         ↓
将长度在1~2.5厘米的小竹片压在并排的6根（或8根）丝上
         ↓
用熔化的牛胶或胶粘在竹片或银丝面上，待干后再粘一次
         ↓
第二次干后再粘一次，然后夹断两头
```

图3-26　银雀的拉丝步骤

苗族女性喜银，也喜欢洁白，因此，除了银饰的制作工艺外，为银饰除污也是制银的一项日常工作，银饰的清洁工作俗称"洗银"。在操作过程中要先给银饰涂上硼砂水，用木炭火烧去附着在银饰上因被氧化而发黑的物质，而后放进明矾水中烧煮，然后用清水洗净，再用铜刷清理，经过这样处理的银饰会光亮如新。

4. 银饰服饰的沉浸式体验

银饰工艺品的制作周期长，工艺烦琐，买卖银饰制品的人，多是关注银饰的艺术价值和审美价值。（图 3-27）银饰专卖店的经营者多数是银饰匠人，闲暇时敲打银饰制品，目的是招揽顾客或保证银饰为真品。21 世纪初，在银饰店门口，银匠敲打银饰成为一种景观，活态展演成为人们识别实物真伪的一个标准。游客参与体验成为一种娱乐活动，在感受工艺制作的过程中，心情愉悦地购买产品。景观消费成为引导游客消费的一种新模式，沉浸式体验成为消费者的认同性经济。景区内出现不同的沉浸式体验消费活动，如打糍粑、打米糖等。沉浸式体验已成为人们追求的一种独特的消费产品，它并不是直接换取产品，而是体验娱乐的过程。

购买银饰通常以单件为基数，购买整套银饰服饰的顾客比较少，即使苗族姑娘身上的银衣也不是一次购买获得，而是长时间地积攒而成。游客想获得整身银衣的体验感，全部购银衣又不太现实，但是又想把银衣的美好时刻留住，租售银衣产业便应运而生。

银衣是民族地区特有的一种服饰，整件衣服是由银子打造而成，银饰有的独立成型，有的是缝制在衣服上，不同形象的银片缝制在腰间部位。银衣分为三部分，上部为脖子上的装饰，由银帽、银角、项圈、银锁等构成（图 3-28），中部为上身饰品，主要有肚兜上的银片装饰，下部是腿上的银饰和脚上的银环、银铃铛等，整套银衣重达十几斤，有的甚至更重。银衣穿在身上闪闪发光，走起路来叮当作响，发出悦耳的声音。游客穿上银衣走在景区内成为一道游动的风景线，并吸引其他游客的目光，也自然给他们带来了沉浸式体验的向往。（图 3-29）

体验过程可产生一种美好的记忆，促使游客购买一件银饰作为礼物赠送给亲朋好友或自用。银匠根据游客不同的审美情趣，创作出不同的银饰文创品，慢慢形成银饰的文创产业。（图 3-30）

银饰文创产品是根据游客的体验过程、购买力逐渐形成的，主要体现在款式、形状大小、文化符号等方面。银饰的文创款式主要是手上、脖子上的文创饰品，是以戴为主，款式精细，如银鼓、银锁等。形状大小主要取决于费用高

图 3-27　银饰工艺图（1）　刘粤

图 3-28　银饰工艺图（2）　刘粤

图 3-29 台江苗族银饰衣服全套展示　　图 3-30 银饰文创产品（1）

低，银是按克买卖，如果饰品过重，成本高，增加了游客的购买难度。银饰款式有传统风、民族风、现代风等，有人喜欢传统，有人喜欢民族，因选择不同，艺术效果自然不同。

银饰文创产品与不同材质融合形成一种新款式的文创产品，如与茶具融合，在茶杯、茶壶上装饰银饰文化符号，让原本古朴的茶具产生一种现代感。（图 3-31）

银饰符号有具象和抽象两种，每种符号根据实物需要进行艺术设计，产生的艺术效果自然不同。银饰的广泛性应用，设计师的创意再设计，让银饰的文化内涵传播得更深远。银饰文化价值和经济价值的提升助推了乡村振兴的步伐。（图 3-32、图 2-33）

图 3-31 银饰文创产品（2）

图 3-32　西江盛装　刘粤

图 3-33　百鸟衣　刘粤

第四节 | 案例分析：编织——元素分解中的现代运用

一、编织技艺

《国家级非物质文化遗产保护与管理暂行办法》是国家出台的关于非物质文化遗产的收集、保护、传承的法律法规，自 2006 年 12 月 1 日起施行。之后，全国各地积极响应，纷纷出台相应的措施对本土的非物质文化遗产进行保护。以编织技艺为例，2008—2021 年，广西、新疆、四川、浙江等地纷纷申请关于编织技艺的非遗项目，从羊毛编织技艺到竹编、草编和最近几年的彩带编织技艺，都成为国家级非物质文化遗产。编织技艺能成为非物质文化遗产不是偶然的，而是历史的必然。编织技艺在新石器时代就有应用，通过文献整理能看到编织技艺的演变过程。

1. 传统编织技艺的演变

随着时代的变迁，编织技艺也发生着变化。历史中的编织技艺大多是围绕生活进行创作的。现代的编织技艺应用范畴比较广泛，在空间应用、装饰应用、新媒体应用等方面都有涉及。竹编的发展历程，是以竹丝篾片进行编织，可制作成篮、篓、筐、笋、笼等。中国传统竹编的历史可以追溯到新石器时代初期，人类开始定居，为了储存食物和饮水，采用植物的枝条进行编织。在编织过程中，人们发现竹子开合性强，富有弹性和韧性，且便于编织，且编织出的器物坚固耐用，于是竹子成为编织的首选材料。一些地区不盛产竹子，只能选用一些柳枝等编织生活用品。竹编的历史悠久，充满智慧的人类利用竹子的特性，将竹丝篾片进行编织，制作出丰富的生活用品、装饰物件等，用于生活的每个细节，提高生活品质。（表3-4）

表3-4　各时代编织技艺表

时代	编织技法		实物举例
新石器时代	席纹		良渚文化的竹席残片
新石器时代	斜编		钱山漾遗址发现的细长编织丝带，由四根股线合成一根缕丝，再由缕丝编织而成
夏	纬平重纹		三星堆遗址出土丝绸的显微镜成像
商	方格纹		陶甗
西周	平编		薄草编织莞席

续表

时代	编织技法		实物举例
战国	斜式矩形纹		战国竹编扇,湖北江陵马山砖厂出土。用涂红、黑漆的细薄篾片,织成斜式矩形图案,在矩形纹内,又编织出连续的小"十"字形纹
汉	人字纹		马王堆一号汉墓出土的竹编"熬兔笥"
北朝	菱格纹		北朝锦鞡刺绣靴
唐	绞编法		竹编经帙,古人用来包裹佛经经卷的物品,竹帙结实耐用,材质坚硬不易损坏,可以保护佛经,且方便收藏
明清	勒编		竹箱

明清时期,竹编工艺得到了快速的发展,竹编制品愈加精致。并且,竹编还与漆器相结合,明代官宦人家就使用竹编圆盒。清代民间出现的工艺竹篮,例如考篮、食篮、花篮等等,其编织技艺十分讲究。这时期的竹编工艺品的形态五花八门,编织技艺也非常丰富。编织技艺出现跨界融合现象,竹编和器具相结合形成漆盒,这样更能增强竹编的精致性和装饰性。在宫廷艺人的精心制作下,编织技艺发出了耀眼的艺术之光。

2. 现代编织技艺

我国的编织技艺逐渐从为生活编织转变到艺术空间、建筑空间、装饰空间和其他用途。从曾经的草鞋(图3-34)、蓑衣(图3-35)等生活用品转变为用来观赏的装饰工艺品。艺术家借用竹编元素进行艺术创作,将竹编搬到展厅供大众观赏,由此可见,竹编已成为既有观赏价值也有实用价值的艺术品。竹编在建筑空间中应用,让建筑样式更加丰富。竹编本身的颜色和建筑完美融合形成独特的建筑风格,古朴、自然、稳重,与周边自然环境融为一体。

竹编工艺在传统的中国社会中,在以家族传承、师徒传承为主的传承方式下,经过漫长的历史,早已从传统的生活用品发展成了当今具有艺术价值的工艺美术作品。[①] 在以师徒传承为主的传承方式下,师傅与徒弟在传承过程中会产生一些灵感的碰撞,不断对竹编艺术的编织技法与产品用途进行创新和突破,最终形成了自己特有的审美风格。(图3-36)非遗生产者、设计者必须了解每个时代大众的审美,生产出符合市场需求的产品,这样才能更好地将这门传统技艺传承下去。例如,鹤山靖村竹编技艺是在继承传统的基础上加以设计,对编织技艺、色彩搭配等进行改进,以构思缜密、制作精巧、色泽丰富、变化多端而见长。(图3-37)

竹制品主要是用黄竹、青竹剖劈成篾片或篾丝后编制成的。竹器生产一般有三个过程:选料、开篾、编织。(图3-38)

随着时代的进步,生产力的发展,人们的关注点逐渐由物质追求变为精神追求。稻香文化开始成为农耕文明的一种体验文化,过去稻秆主要用来焚烧还田,现在稻秆的用途更加广泛。除竹编以外,将稻草作为材料进行编织的传统技艺也焕发了新的活力。如,龙门乡草龙扎制技艺极具特色,以篾匠编织技艺为基础,主要运用稻草进行编织,制作方法古朴讲究。草龙一般有13~15节,每节长约1.5米,直径约0.4米,全部用竹篾扎成圆筒状,用细毛竹

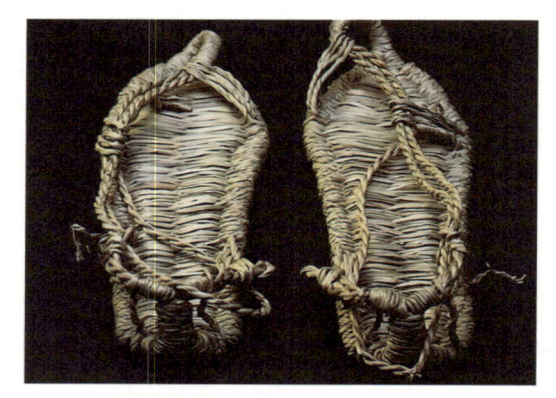

图3-34 编织草鞋

图3-35 竹编蓑衣

做成一个手柄安装在中间,便于把舞。再用稻草做成鳞片,安装在圆筒状龙身上,其中最为复杂的是龙头,由技艺高超的师傅来完成。整条龙扎制完成后,用细绳相连,最后点睛、鸣炮祭拜。扎制成型的草龙,造型精美、独特、逼真,颜色呈金黄色,从龙身到龙尾由粗到细,龙鳞呈立体形有序交叉排列,整个龙身活动自

---

① 李焱. 中国传统竹编编织技艺在创意服装中的应用研究[D]. 武汉:武汉纺织大学,2022:9.

图 3-36　竹编生活用品

图 3-37　竹篓

图 3-38　选料→开篾→编织

如，栩栩如生。①（图 3-39）时代在变，草龙的功能也发生了相应的变化，过去更多是祭祀等作用。随着科技的进步，人们认识自然的能力有所提升，草龙的娱乐性增强。草龙开始被摆放展示在自然环境、都市空间中，让更多人参与草龙游戏。

图 3-39　编织草龙

---

① 陈旭，林大参，杨小明."非遗"视阈下徽州龙门草龙文化生态传承研究 [J]. 武术研究，2022，7（12）：101.

二、编织技艺的创新运用

编织技艺发展到今天,其技能、应用和推广等已经相当成熟。编织技艺在非遗创意设计中的应用成为学术界、设计界、美学界等学者的研究课题。编织在不同领域的运用成为打开编织艺术大门的钥匙。下文将举例说明编织在不同领域中的创意设计。(图3-40、图3-41)

1. 编织技艺与插花设计

艺术创作有以视觉为主的,也有以听觉为主的,手法不同,艺术效果也不同,观赏者产生的感官体验也不同。人的感官系统是非常丰富的,有视觉、触觉、听觉、嗅觉等。一般的插花只能通过眼睛直观地观看到外形设计,留下的印象不是很深刻。如果把人的视觉、触觉结合起来,并与插花的内容紧密地结合,则会大幅提升插花给人的冲击力。观赏者不仅可以看见插花的内容,还可以触碰到插花最为根本的内涵,插花的吸引力就会大大提高。插花设计中运用编织工艺这一特殊表现手法,能给观赏者带来别样的感受。

在插花设计应用中,编织工艺也可以选择棉线材质。这种材质给人以自然、环保、细腻的感觉,巧妙自然地与插花设计师追求的健康、时尚的主题相得益彰,在突出主题的同时又具有创新意识,还打破了传统插花只重视视觉感受而忽略触觉感受的弊端。[①]编织与插花进行融合,形成视觉和嗅觉结合的新插花技艺,在追求极致完美的同时,借用辅助材质,编织既朴素又显大雅质感的艺术品。鲜花的生命气息与编织的大雅之美融合,形成两种对比强烈的美学体验,观赏者不仅有视觉盛宴,更有嗅觉大餐之感,在视觉、嗅觉中感受艺术,在插花过程中体验沉浸式美学文化。(图3-42)

2. 编织与服装设计

在新石器时代,编织技术用于服饰只是为了避寒。当今穿衣的主要诉求已经不是御寒,更多是追求美。编织的流行风广泛地移植到服装设计中,除了应用在服装面料上面,许多精致的配饰设计也在利用编织的艺术特色。编织的形式美学在服饰中的应用非常普遍。例如,在一些耳环、项链、腰带和其他配件编织元素的设计中,大量地使用编辫、扭针织造技术。还可以利用金属材料或PVC材料构建一个模型,给人以前卫或复古的感觉。纺织艺术主要表现在现代时装设计中的织造技术的发展创新,通过结合流行元素和编织技术的特点,不仅使针织服装有独特的风格,而且还使其具有

图3-40 印象刘三姐园区内的竹编建筑

图3-41 印象刘三姐园区内竹编建筑局部

---

① 高鹰,侯晓乐.论编织工艺在插画中的应用[J].美术文献,2018(6):43-44.

图 3-42　编织与插花

民族风格和怀旧的感觉。[①] 编织技艺在服饰装饰中也经常用到，编织服饰成为独有的服饰品牌。编织服饰因技术和材质原因，非常昂贵。编织创意是引领服饰风尚的语言元素，事实上，丝、麻、绒等这些材料可以编织出非常精美的服饰产品，这为服饰品牌的品位创造了基础。

3. 编织与装饰装置

竹编作为传统的手工技艺，已经从曾经的生活用具转变为当代装饰装潢的热门选择，竹编的传统技艺也因此在现代生活中得到了运用。竹编的装饰作用逐渐由小变大，从当初的小物品上的竹编，如陶瓷杯子的装饰，到家具的装饰，再到现在对整体空间的装饰，竹编的应用越来越受当代人的喜欢，它已经从最传统的编织技艺成为一种较为被时代所接受的装潢方式。王澍教授在建筑改造、建筑设计中经常运用竹编技术进行艺术创造。编织在建筑本身中的应用，在建筑空间中的装饰应用，使其成为空间设计的元素。装饰竹编在空间装饰中给冰冷的水泥空间增加了情感温度，更能和空间色彩形成对比关系，让观者、生活者体验温度

效应。商场空间设计中竹编艺术的运用，使商品色彩与竹编色彩共融或对比强烈，都能给消费者一种舒心的质感，从而使消费者愿意停留休息，选取自己喜欢的商品，完成消费活动。（图 3-43）

4. 编织与家居产品

家居产品设计与人们的生活方式紧密相关，甚至可以说，家居产品设计风格的变换是当今生活方式与生产力水平的二元混合物。生产力的提升使得物质财富得以提升，进而促进了人们的生产消费。物质生活得到满足后，人们的生活追求和消费思想向精神追求层面升华。家居产品的设计通过对我国传统编织技艺的探索，以重组传统编织材料的结构功能为着眼点，从现代生活中家居产品的使用需求入手，经过大量具有重复性的实验，设计小比例模型的实验范式，得到了一组实际家居产品。（图 3-44）

在当今社会，人们对生活环境和产品使用功能的需求日益多样化，对设计产品的心理诉求也愈发强烈。为了满足这些需求，设计界正积极探索一种能够完美融合人们生活环境、使用需求及心理诉求的设计风格。在这种背景下，一种温暖且不失中国传统韵味并结合当代潮流的设计产品应运而生。

融入编织情感元素是现代家居产品设计的发展趋势和设计宗旨之一。在家居产品实用性的基础上赋予其情感内涵，使其成为一种情感和文化的象征。这种编织情感在传达其情感世界的同时，也使得家居产品更具温度和人情味，使观者沉浸式体验竹编技艺与生活家具完美结合的空灵意境。当今社会部分家居产品单一性的问题日益严重，给人以枯燥无味、乏善可陈

---

① 尹鸿. 中国传统编织技艺在产品设计中的应用研究[D]. 北京：北京理工大学，2015：31.

图 3-43 编织装饰装置

图 3-44 家居作品

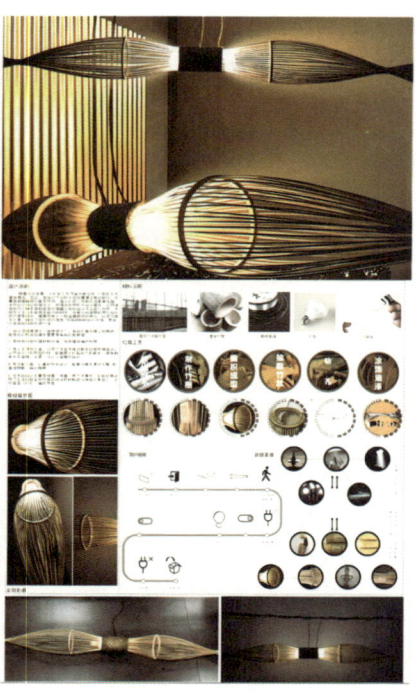

图 3-45 《如影随形》叶莉

之感,设计师为了改善这种情况,在家居产品设计过程中融入情感元素,在一定程度上可使人们身心愉悦,更容易引起人们的情感共鸣,赋予人们的生活更多的情趣。[①]家居产品在人们生活中慢慢变成一种情感温度的陪伴者,在体验中沉浸式地感受家居产品本身散发出来的情感温度。(图3-45)

三、编织技艺的沉浸式体验

随着生活水平的不断提高,人们的审美和精神追求也不断变化,品位有所提升,追求的东西也从"仅供观赏"升级到"沉浸体验",需求的改变促成了新运用的呈现。编织技术的应用在不同空间中散发着各自的温度,草编的产生降低了竹编成本,提高了竹编的效率,虽没有竹编的精致性,但草编的粗犷、醇厚与自然的融合,形成了独有的艺术风貌。草编主题公园的沉浸式体验在当今稻香文化中的应用非常多,种植水稻地域,旅游景区设计结合本地稻田资源,创意设计稻香文化节,打造稻草主题公园,供游客参与体验稻草创作的乐趣。(图3-46、图3-47)

稻花香主题公园是如今很受欢迎的沉浸式体验场所。根据《关于规范主题公园建设的指导意见》,主题公园场所是指以营利为目的兴建的,占地、投资达到一定规模,实行统一管理,具有一个或多个特定文化旅游主题,为游客有偿提供休闲体验、文化娱乐产品或服务的园区。主题公园主要包括以大型游乐设施为主体的游乐园,大型微缩景观公园,以及提供情景模拟、环境体验的各类影视城、动漫城等园区。政府建设的各类公益性城镇公园、动植物园等不属于主题公园。(图3-48)

运用稻草创作的主题公园越来越受到孩子们和家长们的青睐。稻草创作的主题内容越来越丰富,田园中有稻草人、卡通形象等,都市商场门口摆放的欢度节庆的装饰雕塑,很多是

图3-46 稻香文化沉浸式体验

图3-47 稻田里的动物世界 郭银宏

[①] 黄莹.沿革与重构—中国传统编织方式在现代家居产品创新设计中的应用研究[D].南京:南京艺术学院,2018:17.

用稻草完成的。以稻草创立的创意设计企业应运而生，如，稻梦空间就是以稻草编织为基础，进行主题公园的打造。稻梦空间位于沈阳市沈北新区兴隆台锡伯族镇兴光村，于2013年正式对外开放，占地1550亩。稻梦空间是沈阳锡伯龙地创意农业产业有限公司打造的生态农业观光体验区，是以稻田彩绘为特色的田园综合体，打造稻田艺术王国。现为国家AAA级旅游景区，其所在的辽宁省沈阳市沈北新区被誉为"中国稻田画之乡"，每年6月至10月对外开放，2014年获吉尼斯世界纪录。稻草主

图3-48　稻草主题公园（1）　郭银宏

题公园的打造打开了创意设计者的创意思路，他们意识到非遗文化在当今社会中的价值发生了本质变化，农耕文化转化成观赏文化、体验文化，最终形成产业链式的文化经济。（图3-49）

图3-49　稻草主题公园（2）　郭银宏

第四章 内部到外部：产业新融合

第一节 相关概念
第二节 多形式打造非遗产品融合体系
第三节 创意运用：内外资源的多维度融合
第四节 案例分析：剪纸——千年技艺 剪映初心

第一节 相关概念

一、地域内部

地域通常是指一定的地域空间，是自然因素与人文因素共同作用形成的综合体，一般有区域性、人文性和系统性三个特征。地域内部是对特定区域范围内的简称。地域内部因区域性形成了自己特有的文化。因为地域气候、地域生产、地域文化等因素，地域内部会产生自己的文化系统，从而形成自己的文化结构，与周边地域会自然而然地产生一种文化上的差异。地域内部系统性的产生说明这个地域的生产结构具有完整性，能满足自己内部的生产、消费、娱乐等一系列活动。地域内部特有的文化、经济会逐步影响周边的地域文化、经济，两者互相交流，形成交往关系，从而产生经济贸易、文化共融现象。地域内部文化、经济，自然地走向外部地域。

二、外来文化与外来投资

美国人类学家露丝·本尼迪克特对文化有这样一个经典的定义：文化是通过某个民族的活动而表现出来的一种思维和行为模式，这是一种使该民族不同于其他民族的模式。不同学者对文化概念进行过不同的阐述，本尼迪克特对文化有自己的见解。他从更大的民族范畴理解文化，认为文化是民族的思维模式、行为模式等。有的学者认为，文化是人与人、人与社会、人与自然形成的关系。本尼迪克特在《文化模式》一书中对同质文化进行了剖析：同质文化指的是不同种族、不同文化特质中所拥有的相同或相似的文化。同质文化作为世界文化整体中较稳定的部分，为世界范围内开展文化对话创造了可能。同质文化为全球的交流创建基础，如美食文化，人们有共同的饮食需求，虽然食物有差异性，但目的是相同的——获取能量、快乐、幸福等。而食物口感、色味、品质等的差异又让饮食文化成为特有的文化，地域不同，烹饪手法不同，就形成了不同的菜系，如川菜、粤菜、鲁菜等。

外来文化，即位于世界同质文化之外，与中华民族文化类型截然不同，且具有明显地域特色和鲜明个性的其他民族文化。[①] 如在信仰崇拜方面，中华民族信仰祖先文化，西方国家推崇个人主义文化，这是两种截然不同的文化属性。

外来投资指外国政府、公民或其他经济组织、团体来我国兴办工厂或进行其他经济事业的投资。从资金来源渠道讲，凡来自中国以外的国家和地区的资金都是外资；从投资者说，是中国公民以外的外国人（不包括华侨和港澳台同胞）；从投入的货币讲，是投资者本国的现行货币；从形式讲，可以是货币，也可以是技术作价或设备。[②] 良性的外来投资有助于发展生产力，创造更多价值，为社会多做贡献。

外来文化与外来投资给非物质文化遗产再创意带来了发展空间。外来文化带来不同的文化审美、文化需求等，设计师可以找到不同灵感，创造不同的文创产品，消费需求扩展到外部地区，成为完整的产业链结构，价值也随之

---

① 郝博丹.高中语文外来文化教学研究——以人教版教材为例[D].石家庄：河北师范大学，2017：7.
② 黄汉江.投资大辞典[M].上海：上海社会科学院出版社，1990：184.

增长。外来投资带来经济和技术，对非遗产业发展更是有益之事。

三、产业融合

产业由提供类似的产品或服务，在相同或者相关价值链上活动的企业组成。融合是将一个或多个元素聚合，让不同事物融为一体的过程。

产业融合思想源于美国学者 Rosenberg。他在 1963 年对美国机械设备业演化的研究过程中，发现了相同的技术向不同产业扩散的现象，并将这种现象定义为"技术融合"。1713 年，英国学者威廉·德汉在讨论光线的汇聚与发散时首次提出产业融合，随后扩展到气象学、生物学等众多领域。随着工业革命的爆发，生产力和生产关系出现了重大变革，在计算机和网络技术中出现了产业融合的相关概念。1977 年，Baran Farber 提出了计算和通信系统的融合。1978 年，麻省理工学院 Nicolas Negroponte 用计算机业、出版印刷业和广播电影业的相互重叠交叉进而趋于融合的过程，展示了三大板块合并的可能，并预测核心重叠部分将成为发展最快的创新领域。随后，哥伦比亚公司主席威廉·帕雷在广播年会上阐述了新闻信息传播机制融合带来的新变革。1983 年，美国学者伊契尔·索勒·普尔提出传播形态聚合电子技术，把所有的传播形态融入一个系统之中。1985 年，英国学者赛哈尔认为，某一种技术范式向不同的产业扩散，促使这些产业出现技术创新，进而产生产业融合。20 世纪 90 年代，融合日益受到学者重视，从产业间渗透、产业边界融合、产品整合到市场融合，研究内容从原本的电子信息通信、印刷、计算机等延伸到金融业、房地产业、旅游业、文娱业等相关行业，对产业融合的研究不断深入。美国学者格利斯坦和卡恩指出，产业融合即为了适应产业增长而发生的产业边界的收缩或消失。1997 年，欧洲委员会绿皮书提出了产业融合三个角度的重合，并针对性地提出了发展趋势，认为融合不仅涉及技术领域，而且是一种促进就业的新手段。1997 年，欧洲委员会绿皮书给产业融合作出的定义是：产业的联盟和合并、技术网络平台和市场这三个方面的融合。日本学者植草益认为，政府放松管制及促进行业竞争的技术的快速发展，加快了产业融合的进程，促成了企业合并、合作的频繁发生。① Chio &Valikangas 认为，基于价值主张、技术、市场、服务和管制等因素的干预，产业边界会收缩直至消失。厉无畏是这样定义产业融合的：不同产业或同一产业内的不同行业经过相互渗透、相互交叉，最终融合为一体，逐步形成新产业的动态发展过程。② 马健认为：产业融合是由于技术进步和政府放松管制，发生在产业边界与交叉区域的技术融合，改变了原来产业的产品特征和市场需求，导致产业的企业间合作和竞争关系发生了变化，从而导致产业界限的模糊化甚至重划产业界限。③ 于刃刚等认为产业融合是在技术创新、政府放松经济性管制、企业追求范围经济的共同作用下，各产业之间的进入壁垒降低，形成了一种产业间新的竞争关系。这种新的竞争关系促使企业间的竞争加剧，不同产业中的企业跨产业并购、合作行为频繁发生，导致企业扩宽经营范围，进行多元化经营，开发出新产品和新的市场需求。④ Hooper 指出，产业融合涵

---

① 植草益. 信息通讯业的产业融合 [J]. 中国工业经济, 2001（2）: 24.
② 厉无畏. 产业融合与产业创新 [J]. 上海管理科学, 2002（4）: 4.
③ 马健. 产业融合理论研究评述 [J]. 经济学动态, 2002（5）: 79.
④ 于刃刚, 李玉红. 论技术创新与产业融合 [J]. 生产力研究, 2003（6）: 175.

图 4-1　非遗荞麦产业礼盒设计　刘庭智

图 4-2　非遗荞麦产业包装设计　刘庭智

盖的五个维度，分别是基础技术融合、设备融合、网络融合、管制融合、企业融合。林德认为，技术革命引发了产业边界的重新界定，产业融合可以创造新的市场需求，扩大原本的市场范围，让原本的传统产业延长生命周期，实现产业创新。傅玉辉认为，产业融合在产业边界的突破到新产业形态的形成过程中起到了革命性作用，在物质融合、结构融合、组织融合、制度融合等协同合作基础之上，电信和传媒产业之间实现了产业融合。[1] 通过梳理学者们的研究，我们可以看到，产业融合的范畴、种类等是非常成熟的，时间跨度长，成果丰硕。本章中讲到的产业融合，主要是将非遗与不同产业融合，形成一种新兴产业，让消费者重新认识非遗再创意产品的本质。

产业融合是由于不同产业或相同产业内不同行业间在技术创新、政策制度、竞争与合作的压力及企业对范围经济的追求的作用下，相互渗透交叉，互相包含，改变了产品的功能，出现了新的形态，产业界限变得模糊，最终融为一体，产生了新的业态的过程。[2] 这个过程对非遗产业而言非常需要，它可以通过不同技术、不同材质、不同空间产生不同的文创产品，给非遗带来新生力量和新鲜血液，让非遗走得更远，传播得更广。（图 4-1、图 4-2）

---

[1] 傅玉辉. 大媒体产业：从媒介融合到产业融合——中美电信业和传媒业关系研究 [M]. 北京：中国广播电视出版社，2008：30-34.
[2] 隋嘉奕. "产业融合"视域下黑龙江省滑雪旅游产业发展策略研究 [D]. 哈尔滨：哈尔滨体育学院，2020：6

第二节 | 多形式打造非遗产品融合体系

一、"非遗+旅游"构建非遗旅游产品体系

"非遗+旅游"就是通过将传统旅游业与非遗相结合，以非遗资源和创新创意加持旅游产业，将本土文化厚植于旅游，提高旅游地的吸引力。同时，利用旅游客源广、项目灵活等特点展示非遗文化的内涵，提高区域文化的魅力，形成具有地域特色的非遗旅游产业体系。"非遗+旅游"的理念能有效促进地方旅游产品与创意产业的合理融合，以及非遗产业项目、非遗创意产品等的建设与发展。"非遗+旅游"的内外结合模式，需要找准各区域非遗资源特点及旅游发展结构，使二者有效衔接，聚焦乡村、城市、休闲体验三位一体的产业新业态，构建非遗产品体系。

挖掘非遗内涵，打造乡村文化旅游综合体。非物质文化遗产大多具备"慢生活"、休闲等符合当代生活需求的特点，如银饰锻造、龙泉印泥、侗族大歌等，需要的是在日积月累的技艺磨炼中重复无数次相同的动作，潜心创造、打磨。这些非遗技艺是现代城市生活的调味剂，大多来自乡土，这为增加乡村旅游文化内涵提供了得天独厚的条件，有助于实现乡村旅游与非遗的有效衔接，构建乡村文化特色旅游产品体系。在构建过程中，要以本土特色非遗资源为核心，依托乡村良好的自然生态、特色风貌等，发展乡村非遗旅游产业，打造融非遗文化体验、非遗研学、非遗养生、美丽乡村度假等为一体的乡村旅游综合体。

融合城市风貌，以非遗引领城市旅游潮流。现代城市要不断形成和完善城市旅游产品体系，力求提升城市竞争力，其中包括两方面的文旅融合模式：第一，将博物馆打造成旅游打卡地，用活非遗元素。以博物馆为载体，强化城市旅游项目中各类博物馆的作用，突出博物馆的文化特色，使博物馆成为旅游新热点，创新博物馆展陈形式，精准定位目标受众，将现代技术与传统展陈形式相结合，打造多元化、动态化、智慧化的互动展示，引导游客以沉浸式体验为目的，进行非遗项目认知、了解、体验、文创消费，加深游客对非遗的解读与交流，让博物馆成为集在地性与时尚性于一体的城市文化旅游新地标。第二，融入非遗元素，凸显城市街区时尚。城市旅游最受消费者欢迎的当数具有人文特色的生活文化街区、现代时尚商业街区。要将本土非遗融入各生活、商业街区，重构城市街区元素，提升以非遗为特色的旅游人文街区吸引力。城市人文街区融入非遗元素，需要突破固有展示、销售等模式，打破传统消费体验模式，通过传统与时尚结合，打造集旅游观光、消费体验、文化展示为一体的时尚街区。

导入创意设计，打造非遗体验旅游项目。非遗体验旅游项目要将深挖非遗资源与导入创意设计相融合，利用非遗元素与现代市场的结合点，以体验"非遗+旅游"为理念向导，打造以下精品项目：第一，文化艺术精品项目。非遗与旅游的结合，不仅要注重外在形式的展示输出，更需要将其文化内涵凸显在具体项目之中。非遗文化的艺术内涵可以通过演艺观赏体验、演艺节目互动体验、演艺数字化体验等方式传递给游客，发展特色非遗演艺旅游产品；第二，工艺创作项目。诸多传统手工艺类非遗物品形态多样，可抽取非遗手工艺部分环节，大力开发手工艺创作模式旅游体验活动，以本

土非遗为基础，形成具有独特竞争力的旅游体验项目，进一步集合非遗传承人、手艺人，充分发挥手工艺与旅游的融合效益，丰富非遗展示与运用形式，以满足游客的体验感为目的，提升整体竞争力；第三，非遗研学旅行体验项目。顺应市场潮流，推动地区研学旅游与非遗相融，凭借相关非遗博物馆、展览馆、非遗工坊等，利用地方文化旅游发展规划，培育特色非遗工艺、文化传承、展现形式等核心研学旅游主题。

二、以非遗内容为核心打造IP作用下的文化衍生品

对当代社会而言，把历史遗存转化为当代人能够领略的意象美嵌入当代生活，能使非遗具有活的精神价值。① 因此，当非遗传播从传播知识向传播美好转变的时候，非遗即被赋予了更强的生命力。传播美好，是运用美好的、正确的价值来潜移默化地传达出知识，也就是给非遗裹上了一层外壳。这层外壳多以视觉冲击、听觉享受、触觉感知、嗅觉体验等形式呈现，用来吸引追求美好事物尤其是精神满足的受众。当受众接触这一类事物时，随着外壳褪去，自然就接触到非遗美好的表现形式，优秀的传统文化及有意义的价值便已潜入人们的生活。本部分所涉及的非遗IP作用下的文化衍生品，是指以非遗内容为核心，迎合大众对美好事物的追求而发展起来的创意产品。非遗的有效传承必须面对现代需求，直面市场带来的机遇和挑战，以非遗内容为核心，对非遗IP进行元素或符号提取，利用媒介呈现多样化创意产品，最终满足受众需求并开发传播路径。IP打造出文化衍生品，对内是对非遗文化内涵的深入挖掘，对外是对现代化进程中的传统文化发展现状进行反思的结果。所以，促进传统

与现代的不断融合，才能使非遗IP更加根深蒂固，愈加深入人心，激发受众的乡土情怀。现代市场已从单纯的"物的消费"转变为以满足精神需求为主的"符号消费"和"物的消费"兼有，甚至愈发倾向于"符号消费"。打造IP作用下的文化衍生品，意在最大限度地赋予产品符号意义，由符号构建现实，不断在消费过程中加深受众对品牌、元素、内容的印象和理解，进而加强受众与非遗文创产品的黏性。

打造IP作用下的文化衍生品，需对非遗元素进行提取。非遗元素符号天然具有文化属性，要想凸显这一属性，必须找到合适的载体和使用空间。从受众需求角度进行考量，需要以全新的视角出发，最好将非遗元素融入毫不相关的事物或行业，让受众在意想不到的同时，又能关注融合事物双方的特殊价值，以此丰富产业内容，夯实品牌文化，提升品牌影响力。如2020年民生银行与美国运通公司合作推出民生非物质文化遗产主题信用卡，从IP本身的文化内涵、价值观和文化承载出发，力求实现文化价值和经济价值的二元正向循环。

民生银行此次发行的产品为刺绣系列，共有4个卡面，选取了我国非遗中羌绣、苗绣、壮绣、黎锦的典型纹样（图4-3、图4-4），分别为寓意天地平衡、生生不息的双鱼团花纹，源于神秘传说、精美繁复的鸟语花香图，寓意开山造

图4-3 民生银行非遗刺绣主题信用卡海报

---

① 高小康.非物质文化遗产：从历史到美学[J].江苏社会科学，2020（5）：151-158.

河、创造美好生活的大力神，以及传达龙凤呈祥、吉祥如意美好愿景的双龙戏珠八宝纹。

绣绷花鸟逐时新，活色生香可夺真。这些精美的刺绣工艺，曾经在时间长河中渐渐式微。随着近年来国家不断鼓励非物质文化遗产保护与传承，刺绣、织锦再一次为大众所熟知，但真正的民族刺绣、织锦对于普通人来说仍是陌生且遥远的。现在，只要申请一张非物质文化遗产主题信用卡，就可以欣赏到这些刺绣或织锦鲜明的色彩、缠绕起伏的丝线、古朴斑斓的纹样，感受少数民族人民在一针一线中传承的历史传说、族源故事和对美好生活的期待。①

该信用卡底色为黑色，图案色彩对比强烈，醒目而调和，质朴而敦厚，无论是图案装饰还是纹样符号，都具有极高的审美性。与此同时，民生信用卡还发布了以4种刺绣为主的人物海报，希望用这样的方式，引导大家关注刺绣艺术，积极参与到非遗的保护工作中去。刺绣与金融的合作使其用途更为广泛，激发了潮流与传统的双重魅力，通过纹样本身引导着人们去关注符号背后的历史、技艺与故事，让传统真正融入现代。民生银行信用卡在对刺绣的运用中，将元素作为最直观的刺绣图案，并通过鲜明的色彩对比以及海报中刺绣人物的呈现，达到对刺绣精巧技艺的传播和对民族独特服饰的表现。2022年，民生银行推出新一季非物质文化遗产主题信用卡，新的卡面让人眼前一亮。同样让人耳目一新的，是民生银行发布的广告片及海报上出现了设计师和非遗手艺人的身影。在信用卡上展示出犀皮漆层次丰富、艳而不俗的效果；在扎染的冲突中找到和谐，让卡面的最终效果出于蓝而胜于蓝。这次民生信用卡的传播活动，既是品牌、广告人、手艺人想法的碰撞，也是一次价值观的共鸣，通过传播的星火燎原，让更多人理解、喜欢，从而参与到传统手艺的传播与创新之中。②（图4-5~图4-7）

三、多渠道融合推动非遗产品营销

虽然"渠道为王"还是"内容为王"一直是文化产业争论的焦点，但是从市场竞争力来看，渠道与内容同等重要。本部分聚焦于"从内部到外部"的思维，从渠道角度进行非遗创意产品走出本土、走向市场的创意营销思考。随着传统市场被信息化打破，现代市场需要更加多元、更加细化的营销，精准对位细分消费者，这就需要充分利用尽可能多的渠道，力求非遗产品营销全面化、精准化。从本质而言，多渠道融合利用可概括为线上线下结合，即在传统O2O模式下结合现代技术、创意思维等进行跨界营销、互动营销、融合营销等。

1. 跨界营销

跨界营销已成为创意市场不可忽略的有效手段之一。它是将消费者意想不到的跨界双方或多方间存在的某种共通之处或可互补的元素，利用可观可感的形式表达于具体事物之上，达到让消费者产生情绪消费的目的。

从现代市场的竞争与需求而言，非遗产品离不开创意元素的植入，离不开非遗文化的活态化开发与跨界营销，从而构建非遗与"外部"相关联的完整生态循环链。在进行跨界营销时，应从非遗精神内核出发，结合消费者的显性需求与隐性需求，定位市场，掌握目标群体所需

---

① 夯实品牌文化战略 民生信用卡携手美国运通推出非物质文化遗产主题信用卡[EB/OL].（2020-08-06）[2023-05-26].https://fashion.chinadaily.com.cn/a/202008/06/WS5f2b5350a310a859d09dc380.html.
② 民生非遗主题信用卡，找广告人和手艺人一起代言[EB/OL].（2020-04）[2023-05-26].https://www.digitaling.com/projects/208725.html.

图 4-4　羌族刺绣人物海报

图 4-5　真正能"刷"的信用卡海报

图 4-6　资深创意人与手艺人"牵手结缘"海报（1）

图 4-7　资深创意人与手艺人"牵手结缘"海报（2）

产品的品位格调，既要守正，也要创新，做到两者兼顾。如渭南皮影近年来不断尝试跨界营销合作，非遗传承人汪天稳尝试将动漫元素与皮影结合起来，2016年，为腾讯刻了国漫《狐妖小红娘》；为百度首页刻了2017年新年小短片《酉鸡的传说》；为悦诗风吟刻了2017年新年宣传片《花田喜事之新年归家》。（图4-8～图4-11）

这些跨界打造的独一无二的皮影文创产品，有机融合了渭南皮影文化元素和各个品牌的前卫设计风格，既凸显了品牌个性，又展示了传统文化内涵，实现了非遗元素与现代产品的跨界融合。整合非遗的历史、文化、核心要素等资源与业界的产品外观、包装等开发新产

图4-10 《花田喜事之新年归家》皮影戏

图4-8 渭南皮影

图4-11 皮影人物设计

图4-9 《狐妖小红娘》皮影戏

品，能够实现旧元素的新组合，吸引众多客户关注。跨界创新带来的不仅是全新的非遗衍生品和服务，还是现代价值观与历史文明的隔空对话、超越时空的跨界融合，是非遗活化、经济效益转化的有效路径。①

① 温紫仪，戴程.非遗产品营销多元融合创新探讨[J].合作经济与科技，2022（10）：91.

浙江省文化企业寸村传媒，在2020年与广电旗下氧气文娱共同打造"后声计划"，通过一年的时间，将婺剧、绍剧、杭剧的经典曲目与现代音乐跨界结合，旨在探索非遗小剧种创新传承模式，融合文旅与在地风物，创新文旅融合新模式，架起传统戏迷与流行音乐粉丝之间的桥梁。（图4-12、图4-13）

图4-12　传统戏剧与流行音乐结合演出

图4-13　传统戏剧与现代流行音乐融合探索

2. 互动营销

互动营销，即通过某一事件强化产品与消费者之间的良性互动，充分吸引消费者参与活动，扩大营销影响力。文化产品的互动营销并非只是组织引发受众围观的普通促销活动，而是要创造具有精神价值、能够引发受众情感互动的心灵营销。简言之，从人的情感角度出发，进行精神符号的互动，建立人与人之间的连接关系，这也是传播的基本要义。[①] 互动营销早在2005年湖南卫视《超级女声》选秀节目中就得到了充分应用，证实了这一营销模式带来的巨大市场效益和产品关注度。将非遗产品与当红明星、爆款综艺、热门短视频、直播等进行联合，利用以上主体的原有粉丝或关注者对非遗产品的历史、文化内涵、最新动态等进行宣传，并制造话题和关注点，让粉丝或关注者通过亲身参与、话题讨论、建言献策等方式活跃于非遗产品主题活动中，增加大众对非遗的了解机会。也可利用反向逻辑设计创新营销模式强化互动效果，如，"故宫淘宝"开展的"卖萌"营销，通过改变故宫肃穆稳重的画风，赋予营销文案与产品"萌"的特点，形成传播热点继而促成转化。又如，结合产品特色与受众群体亚文化特征，用幽默诙谐的小短文、小漫画等方式进行营销推广，拉近与受众之间的距离。

3. 融合营销

融合营销，即巧妙利用多种营销方法，融合市场、消费者、渠道、产品、服务等，线上线下结合，使非遗产品更加灵活地适应市场变化和消费需求，实现精准细分，准确投放市场。融合营销更加强调渠道的重要性。现代市场的多元化发展，引领营销以线上为主、线上线下结合的同时，营销主体将更多的精力和关注度放在线上渠道的成长方面，借助各种线上渠道开拓线上营销体验权限，牢牢抓住庞大的互联网用户群，利用互联网的及时性、快速性、高效性等特点，实现非遗产品从生产到服务的实时跟进。融合营销要善于抓住一切可以抓住的时机，进行渠道融合，顺势制造吸引点。如利用"双

[①] 赵小波. 文化产品互动营销的精神符号学本质[J]. 文化艺术研究，2019（1）：25.

十一""618"、法定节假日、非遗日等借势营销;也可自办活动造势营销,如举办民族服饰衍生时装秀,通过线上线下同步表演的方式,展示非遗文化及其衍生品,通过直播平台形成转化,让消费者时刻都能接触到产品,可以自由地选择适合自己的产品。这是非遗文化走出小众、非遗产品走向生活的必由之路。(图4-14)

图 4-14 民族服饰衍生时装秀

第三节 | 创意运用:内外资源的多维度融合

一、旅游:非遗的"活化"与再开发

在"在提高中保护""非遗走进现代生活""见人见物见生活"三个重要理念的推动下,近年来国内就"非遗+旅游"开发进行了大量的探索,"以文促旅,以旅兴文"已经成为重要的指导思想和发展路径,并取得了一定成绩。文化创意产业是一个持续影响人们生活的产业,而且随着产业的不断变化,其集聚地域也在不断变化。"创意+规模"不应该是单一的层次,而应该是从内部到外部的产业新融合的模式。非遗的融合,目前有以下四种模式。

1. 非遗与旅游展览融合

古老的非遗借助现代科技的力量,能够重新闪耀光芒。科技建设助力非遗的展示,让非遗在新空间领域呈现特有的文化价值。例如,以虚拟现实技术打造全新的体验式博物馆,将藏品中的非遗技艺以数字化的形式呈现,从技术层面实现了对非遗技艺最大限度的还原与保护,并以身临其境的趣味活动,将非遗与传习体验结合起来,引起参观者对非遗技艺的兴趣,实现非遗技艺在新时代的活态传承。沉浸式体验成为非遗旅游的新业态,数字媒体展览与非遗结合,让游客穿梭在非遗物象之间,营造色彩渲染、艺术性烘托等效果,非遗成为活在人们心中的火苗,让人久久难忘。如织锦的过程,实物织布机和数字媒体结合形成独立艺术空间,锦成为静态和动态的融合,人们看到的实物锦是静态的,而数字媒体呈现了动态的织锦过程,两者结合形成特有的艺术语言。由数字传媒创造出来的艺术气氛,可以让观者产生不同的感受。

2. 非遗与旅游节庆演艺融合

传统技艺类的非遗项目多以展示和产品开发作为旅游经济增长点。各地旅游景区大大小小的山水实景演出、文旅演艺和歌舞类表演等,无疑是对舞蹈、音乐、服饰、节庆、习俗等非遗的创意再开发。例如,《刘三姐》《牡丹亭》实景版的演出,让观众印象深刻。观众瞬间沉浸到艺术的殿堂中,感受到艺术带来的内心世界的共鸣。《刘三姐》演艺项目形式多样,歌谣大体分为七个部分,即生活歌、生产歌、爱情歌、仪式歌、谜语歌、故事歌及古歌,具有丰富的内容和鲜明的民族性。在《刘三姐》的传承与发展中，人们创作出不同形式的"刘三姐"，成为地方旅游元素的一大特色。

中国是世界上最早使用历法的国家之一，元旦节、春节、元宵节、端午节、重阳节、中秋节、"吃新节"等传统节庆为"非遗+演艺"奠定了融合的基础。每年从大年初一到正月十五，全国各地丰富多彩的演艺节庆活动次第展开，成为吸引游客的"打卡点"，为非遗传播带来新前景。（图4-15）

图 4-15 德江水龙节与节庆演艺融合

3. 非遗与旅游文创融合

"非遗文创"依托非遗资源，通过创意性和应用性设计，开发出具备文化性、知识性和实用性的文创商品。传播的渠道采用O2O方式，线上的传播方式有直播、APP、短视频等，线下载体以非遗工坊、非遗博物馆、非遗文化产业园、非遗主题景区为主。2006年，土家族织锦技艺入选首批国家级非物质文化遗产名录。土家织锦的四百多种传统图案花纹是其民族文化心理和不同时代文化积淀的独特表现方式，充分展示了土家人的创造力，对中华民族多元文化的形成与发展有积极的意义。土家织锦文化创意园是目前国内唯一一个土家织锦综合体，该园区以首届湖南旅游发展大会为契机，努力将项目打造成国内文旅融合的典范和非遗生产性保护的示范基地。项目集土家织锦传承、保护、研发、设计、生产、展示、销售、体验、科普、研学于一体，计划建设土家织锦艺术博物馆、土家织锦产品展示馆、文化交流中心、土家织锦研发中心、产品销售中心等区域，致力于打造国内首家土家织锦展示馆、国内首家土家织锦研学科普基地、国内首家土家织锦专业研究机构、首家国家级土家织锦传习所。[①]

该园区希望通过展示土家织锦的历史文化和制作技艺，进一步提高消费者对土家文化的认知度，更好地保护和发展非遗。非遗也因此多了一条属于现代人的传承道路。通过创意产业园区的打造，宣传地方特色非遗吸引外来游客，该园区成为受人们欢迎的非遗旅游打卡地。人们在满足于身临其境的旅游方式后，逐渐转向精神文化的交流，从视听满足转向心理满足，非遗旅游文创便应运而生。

4. 非遗与数字媒体融合

随着人们生活方式的改变和信息技术的发展，非遗传承的方式已不再是口口相传或手把手传承，而是逐渐转向以跨媒介的方式进行传承。积极地运用传媒作为传承及传播手段，借助各大自媒体平台与自媒体工作者进行非遗传承和传播，使得非遗传承的模式逐渐走向内容传承与外部传承相结合的方向，最终达到传承模式年轻化。非遗传承场域的改变使非遗的传播方式发生改变，转变为新媒体平台上的"虚拟传承"。虚拟场域为非遗传承与传播创造了新的空间，例如抖音借用虚拟场域对非遗文化进行不同形式的传播，从而产生了一种新型"消费场域"。（图4-16）

[①] 谢丽琼.旅发会项目巡礼丨土家织锦文化创意园：打造非遗传承文旅融合新亮点[EB/OL].（2022-07-04）[2023-05-26].https://baijiahao.baidu.com/s?id=1737411519660367027&wfr=spider&for=pc.

生产力的进步改变了生活方式，手机功能的强大让人们的生活越来越丰富。非遗抓住时代元素，创造自己特有的生命力，"非遗+抖音文化节"（简称"非遗抖音节"）即是时代的产物。如2022年，文化和自然遗产日的活动主题为"连接现代生活 绽放迷人光彩"，口号是"人民的非遗 人民共享""激发非遗活力 创造美好生活""乡村振兴 非遗同行"。今年组织开展的重点活动有"云游非遗·影像展""非遗购物节"等，内容丰富，形式多样。文化和自然遗产日期间，全国各省举办6100多项非遗宣传展示活动，其中线上活动达2300多项。非遗抖音节以非遗为内容，以科技为路径，经过创意设计成为一种文化娱乐活动，创造了一种新型的娱乐经济模式。

文化和自然遗产日的非遗宣传展示活动线上线下同时开展，结合时代特有元素进行展示。"云游非遗·影像展"由中国演出行业协会联合多家网络平台共同承办，汇集2300余部非遗传承纪录影像、纪录片等进行公益性展播。同时推出"中国精彩技艺""非遗藏品季""焕新非遗计划"等活动。国家图书馆举办"年华易老 技忆永存"国家级非遗代表性传承人记录工作成果展映月暨工作回顾展、2022年非遗讲座月等活动，让更多社会公众关注、了解丰富多彩的非遗文化及其保护实践。文化和旅游部会同有关部门支持各地开展"非遗购物节"活动，以巩固脱贫成果、助力乡村振兴为目标，以非遗工坊、老字号为重点对象，以"享传统文化 购非遗好物"为口号，弘扬中华优秀传统文化。①非遗与抖音相融合，形成时代特有的文化娱乐活动，使非遗传播呈现出一种前所未有的景象。人们以抖音为传播路径，创造出虚拟的乐购空间，娱乐的同时进行购物，这为物质生活和精神生活创造了一种新的模式。

二、研学："非遗+研学旅行"

非遗发展至今，其背后的事迹我们已无法重复，但路线建构、历史文化、精神特质、价值观念、高超技艺应得到延续。研学旅行进行至今，其教学价值、教育价值等应得到肯定。如何运用非遗促进研学旅行的开展、发挥研学旅行的育人价值，运用研学旅行保护、传承非遗，激发非遗的文化价值，是亟待解决的难题。笔者从非遗项目成立状况和研学旅行具体进展，认为可从两方面进行创新和突破。

一方面，以多样非遗项目拓展研学旅行课程内容。在对蜡染、刺绣、漆画、书法、京剧、皮影等传统文化进行深入研究、整理之后，政府、社会、传承人等都做了大量工作，成立了大量的非遗项目，其中既包括蚕桑丝织技艺、安徽宣纸、书法、篆刻、苗族刺绣、傣族慢轮制陶、丹寨古法造纸等制作类非遗项目，也包括朝鲜族农乐舞、贵州侗族大歌、山东大秧歌、山西晋南威风锣鼓等演艺类非遗项目。学校可利用不同地域、不同类别的非遗项目丰富研学旅行课程内容，这比局限于特定地域、特定类别的非遗研学旅行课程更具趣味性和选择性，更有

图4-16 丹寨万达小镇直播展示非遗鸟笼技艺

---

① 郑海鸥.文化和自然遗产日将举办6200多项活动[N].人民日报，2022-06-09（13）.

利于非遗的传承与保护，同时为学生文化素养的提升、研学旅行的持续发展提供资源。另一方面，突出非遗在研学旅行主题课程实践教学中的作用。在文化和旅游部、教育部的推动下，在学者、教学人员、非遗传承人的引领下，非遗与研学旅行融合已做出一定的成绩，也带来了较好的教学效果。但非遗与研学旅行主题课程教学的融合还有需要改进之处，如沿用课堂纯理论讲述的教学方法，教师单调地讲述非遗的发展脉络、基本内涵、操作方法、成果展示，直接影响了非遗纳入教学体系目的的实现，学生受益效果和非遗传承效果都没达到最佳状态，因此，应以突破教学障碍、解决融合问题为原则，重视非遗研学旅行课程实践教学。如让学生亲身参与非遗制作的全过程，亲手完成非遗作品，在实践过程中感受非遗的精神特质、文化内涵、情感表达，了解研学旅行的意义与价值，并在实践过程中践行理论知识和专业知识。

广西三江的主题活动中，校园成为传承"非遗"文化的热土。梅林乡是侗族大歌的发源地和传承地，每年农历二月二上演侗族大歌、芦笙踩堂舞等非遗文化节目，文化气息浓郁，节日氛围热烈。侗族大歌2009年被列入类非物质文化遗产代表作名录，成为非遗进校园的研学项目，并受到学生和老师好评。三江进一步挖掘和弘扬民族非遗文化的精髓，让学生在传承非遗文化的同时，接受民族团结进步教育，铸牢中华民族共同体意识。县教育局着力推进"传统教育"和"非遗教育"双驱发展，当地中小学校相继开展侗族大歌、芦笙踩堂舞、侗族刺绣、侗族蜡染、农民画、侗族木构建筑等民族特色非遗项目与校园非遗教育相结合的活动，丰富了课后服务内容，增强了校园的文化力和吸引力，让校园成为传承优秀非遗文化的热土。

三、非遗小镇：江苏九龙口的淮剧小镇

特色小镇相对独立于市区，是有明确的产业定位、文化内涵、旅游项目和一定社区功能的空间平台。迄今为止，全国的特色小镇数不胜数，例如乌镇、古北水镇、丹寨万达小镇、余杭梦想小镇、青岩古镇、西湖云栖小镇、周庄古镇、宏村镇、旧州美食小镇、嘉善巧克力甜蜜小镇、海宁皮革时尚小镇、龙泉青瓷小镇等。为了规范发展，防止资源浪费，国家发展改革委、自然资源部、生态环境部、住房和城乡建设部联合印发了《关于规范推进特色小镇和特色小城镇建设的若干意见》（以下简称《意见》）。《意见》表示，不能把特色小镇当成筐、什么都往里装，要严防政府债务风险，严控房地产化倾向，严格节约集约用地，严守生态保护红线。特色小镇的发展迎来了成熟发展期，投资发展趋向理性，内容更加合理，特色更加明显。非遗小镇是特色小镇之一，主要是围绕非遗内容展开。例如，江苏九龙口的淮剧小镇以非遗内容为特色，开展非遗系列活动。研学老师带领孩子们沉浸式体验淮剧演出，将糖浆绘制成生动自然的糖画作品，在游玩中学习非遗知识、锻炼动手能力，感受非遗魅力。

近年来，各地纷纷针对有文化旅游需求的人群推出非遗主题旅游线路、非遗体验小镇，把非遗内容融入小镇，形成由非遗项目打造的非遗商店。店内的商品主要围绕非遗这一主题，推出体验式产品，如造纸产品，游客们可以根据自己的喜好创造不同的"花纸"，鲜花、树叶、草叶都是自己采摘的，把花和纸结合，创造出画纸，完全晾干后，自己装裱成作品或裁剪后装订成笔记本。非遗小镇把节庆活动作为吸引游客的方式，把节日搬到小镇内呈现，平时很

难见到的节日盛况在非遗小镇内被1∶1复制，如彝族火把节、傣族泼水节、苗族跳花节等民族节日，秦淮灯会、马街书会等民间文化活动等。特色节日文化源远流长，成为吸引游客的"金字招牌"。中国旅游研究院副研究员韩元军表示，推动非遗和旅游高质量深度融合，要发动政府、企业、非营利组织、个人等多方力量参与进来，让"非遗+旅游"释放更多市场活力；要将更多时尚、科技、体育等元素融入非遗旅游开发中，提升非遗旅游的吸引力；推动非遗旅游与乡村振兴、新型城镇化、城市更新等结合起来，通过非遗城市社区、非遗乡村作坊、非遗艺术馆等更多的空间主题创新，形成非遗旅游产业供给和空间供给的新体系。"非遗+旅游"在特色小镇中表现得淋漓尽致，非遗项目在小镇中成为特色创意看点内容，游客能在短时间内感受到不同非遗项目的快乐，缩短旅游时间，降低旅游成本，快乐体验活动并没有减少，所以很多游客会选择特色小镇为旅游打卡地。（图4-17）

图4-17 丹寨万达小镇"非遗+旅游"项目

第四节 案例分析：剪纸——千年技艺 剪映初心

本节选取剪纸再创意的产业融合为研究对象，主要以大赛为切入点，就文案创意、实践操作、文创产品等展开阐述。案例结构根据实际需要进行设计，内容是学生实践及对项目的理解与对未来的规划。文案由学生完成基础文本，教师指导辅助修改，比赛流程在这里不作过多讲解。

一、项目总述

1. 项目简介

（1）项目概述

"彩剪中国"以剪纸为元素，结合自身特点发挥独特优势，通过创意、宣传、培训、产品设计、生产、销售形成模式闭环。项目产品的目标客户分为两类：针对B端客户，主要合作方式为社会大型活动展览、婚庆公司合作、政企大型定制等；针对C端客户，主要销售方式为"直播+电商（淘宝店）带货"、线下体验馆（双龙体验馆）DIY等。

2021年，项目处于孵化期，多方主流媒体亮相、非遗剪纸就业培训初步试点运营、产品体系雏形基本建成，销售市场开始产生收益。2022年，销售数据在20万元左右。社会效益方面，项目已联合3家工作室，举办公益剪纸技能培训27场，培训人数约500人。预计实施第一年，通过公益剪纸技能培训提高就业能力，将带动直接就业50人，间接就业400多人。

（2）项目定位

"彩剪中国"项目，致力于实现"剪纸非遗+乡村振兴"的长效融合。团队作为剪纸文化的传承者和发扬者，熟练掌握剪纸技艺，将北方豪放简练的简刻与南方精巧秀美的繁刻融合，并从敦煌壁画的构图中获得灵感，通过大胆的艺术想象、夸张、变形，将原生态的剪纸提升到一个新的艺术境界。团队既继承了传统审美，又能在当代审美中有自己的精准定位，结合新时代特点再创辉煌，实现文化的经济价值。

（3）项目理念

"彩剪中国"项目传承和弘扬剪纸技艺，实现"让文物说话，让历史说话，让文化说话"的人文精神；立足于社会经济发展的新特点和新需求，把传承非遗剪纸与促进产教结合，技艺知识传授与管理者素养培育相结合，创新非遗文化，同时促进乡村振兴，提高农民收入，带动就业。

2. 项目背景

（1）剪纸技艺

通过巧妙构思再配以独特的技法，一张红纸蜕变成美轮美奂的艺术品。剪纸常用于重要节日装点、刺绣蓝本等，是民间手工艺的重要组成部分。

（2）剪纸工序

一幅剪纸的创作须经历16道工序才能完成。图案设计包含构思、绘图、修改、定稿4道工序。刻刀制作包含开料、定型、修磨、上把4道工序，采用传统割铁开刃的方法自制尖刀、中刀、平刀3种刻刀，在定型工序中确定刻刀的类型。选料雕刻包含选纸、固定、镂刻、清角4道工序，镂刻过程中以插刀、转刀、拖刀3种刀法相互配合。裱贴装框包含选材、裱贴、加框、落款4道工序。以贵州铜仁思南县剪纸作品为例，在构图上，每幅作品都以"喜"字为中心，以喜鹊、龙、凤、蝙蝠、葫芦、鸡、羊、鱼、石榴、葡萄等其他图案为陪衬。配景选取珠穆朗玛峰、长城、天安门、风雨桥、鼓楼等为创作元素，烘托出一片浓郁的吉祥与喜庆氛围。简单的"囍"字，饱含了深厚的传统文化、民族文化，展示了人们对美好生活的向往，使艺术化的"囍"字，升华为一个民族的吉祥图符。（图4-18）

（3）市场现状

非遗项目发展面临制作工艺失传的危机。团队调研结果显示，有70.59%的受访非遗传承人对"部分制作工艺失传"是非遗发展面临的危机表示赞同，无法确定有效传承人也是目前非遗发展亟待解决的问题。"地区文化受冷落"占比50%，这可能是由于政策实施存在差别、各地区非遗保护执行力度不同导致的。缺乏资金支持是非遗项目发展中要解决的主要问题。非遗技术学习需要很长一段时间，很多非遗继承人在生活与梦想之间会被迫选择前者，所以政府的资金支持是非遗传承人的普遍诉求。根据贵州铜仁思南县非遗剪纸产业调研结果显示，有35%的人认为非遗剪纸项目发展

图4-18 思南县非遗·囍系列 陈露露

面临的最大问题是人才缺失，25%的人认为非遗剪纸领域传承人文化程度较低，15%的人认为非遗剪纸领域销售模式滞后，12%的人认为非遗剪纸领域地区行业产业差异大，7%的人认为非遗剪纸领域产品科技创新能力不强，6%的人认为非遗剪纸产品生产基础能力较弱。（图4-19）

图4-19　思南县剪纸产业调研数据

（4）行业分析

剪纸材料经历了从金箔、皮革、绢帛、树叶到如今的纸张、塑料等的发展过程。剪纸已于2009年被列入类非物质文化遗产代表作名录，国际友人对剪纸艺术有着浓厚的兴趣，会大量购买剪纸艺术品。"十四五"规划将文化产业作为国民经济的支柱性产业。剪纸作为中国传统文化符号，主要用于生活装饰、文创生活用品、旅游纪念品等，市场需求量日益增大。

随着经济的不断发展，科学技术日新月异，人们的思想观念和审美情趣也发生了很大变化，使剪纸受到了前所未有的冲击，加之存世艺人日渐减少，剪纸艺术正面临着严峻的形势。目前，剪纸产业发展受到社会因素、环境因素、人为因素三个方面的制约。绝大多数民间剪纸能人的作品艺术性很高，收藏价值大，但大多只是自娱自乐，仅是自己抒发对生活感悟的应时应景之作。他们信息闭塞，缺少把作品变为商品的中间环节。只有使剪纸市场化、产业化，才会有更多的人从事剪纸艺术，这样才会促进剪纸市场的繁荣。

①国家政策

非遗保护是一项全球性的课题，也是世界性的难题。21世纪，保护和传承非物质文化遗产已成为文化遗产保护事业的重要课题。《"十四五"非物质文化遗产保护规划》提出加强青年传承人培养，推动传统传承方式和现代教育体系相结合，创新传承人培养方式。手工艺赋能，实施中国传统工艺振兴计划，推动传统工艺在现代生活中的广泛应用。鼓励非物质文化遗产传承人、设计师、艺术家等参与乡村手工艺创作生产，加强各民族优秀传统手工艺保护和传承，促进合理利用，带动农民结合实际开展手工艺创作生产。推动手工艺特色化、品牌化发展，培育形成具有民族、地域特色的传统工艺产品和品牌，鼓励多渠道、多形式进行品牌合作，提升经济附加值。充分运用现代创意设计、科技手段和时尚元素提升手工艺发展水平，推动手工艺创意产品开发。

3. 项目痛点

结合社会大众对非遗文化的理解和认知以及现实环境因素，我们归纳出以下四个痛点：

痛点一，社会大众对非遗产品的认可度较低、参与度低；痛点二，由于学校教育的忽视，年轻人对非遗文化认知不足；痛点三，传承人断层状况突出，非遗文化面临失传危机；痛点四，剪纸利润微薄，缺乏资金支持，年均收入不足3万元。

二、解决方案

针对以上痛点，加强剪纸保护工作须响应国家政策，形成独特的产业经济链，贯彻"保护为主、抢救第一、合理利用、传承发展"十六字工作方针。"彩剪中国"项目结合自身特点，发挥独特优势，让非遗走进生活、走进景区、走进乡村文化建设，促进产业经济发展。为此，本项目以剪纸宣传、技能培训、剪纸产品、非遗创新产品、剪纸销售等方面为切入点提出解决方案。

1. 剪纸宣传

为了解决年轻人对非遗文化认识不足的问题，要从两方面展开非遗文化的宣传。一是从线下增强"非遗文化—剪纸"宣传，以走进中小学课堂、社会活动、展览、体验馆等为出发点，增强年轻人对非遗文化的认识，并把非遗文化传承下去。二是从线上宣传"非遗文化—剪纸"，结合互联网时代，通过短视频、直播、微博、新闻报道等宣传非遗文化。开设剪纸抖音账号，定期更新剪纸作品与活动，增强实时互动。剪纸团队走进社区和景区进行传播，让剪纸在祖国大地上生根发芽。（图4-20）

2. 技能培训

非遗的传统传承方式，是以"父子相传，师徒相授"模式世代传承。这种模式的弊端之一就是门派观念极强，以致工作的思路、传承的理念和自我的境界都偏狭隘，容易自我封闭，并在客观上导致技艺更新比较慢，也会导致优秀技艺因为传承关系脆弱而失传。要通过多种方式进行技能培训，从而使更多人成为传承人。同时，在乡村成立培训机构还能带动乡村经济和就业的发展，达到双赢目的。在乡村开办工作室，吸引更多剪纸爱好者参加培训，能培养更多传承人。（图4-21）

3. 剪纸产品

对比北方剪纸与南方剪纸，发现两种剪纸存在差异性，北方剪纸豪放简练，南方剪纸精巧秀美。北方剪纸与南方剪纸在艺术特点上各有千秋，在风格特点、造型和题材、艺术表现等方面有所不同。

从风格特点看，北方剪纸：风格浑厚、粗犷、天真、质朴。它体现了一种朴实生动的美感，生活气息浓郁。南方剪纸：风格灵秀、精美、严谨、纤细。它追求小巧精致，讲究细腻写实。

在造型和题材上，北方剪纸：多为人物活动、花鸟鱼虫、飞禽走兽，以及表现民间故事传说等，造型严谨，民间风味十足。例如，陕西剪纸和山东剪纸在人物和动物的表现上尤为出色，具有浓郁的民俗气息。南方剪纸：题材广泛，包括人物花卉、鸟兽虫鱼、奇山异景、名胜古迹等，尤以四时花卉见长。南方剪纸艺人能在巴掌大小的纸上镂空刻出千百刀，展现出其细腻精致的艺术风格。

在艺术表现上，北方剪纸：民俗气息浓郁，

图4-20　剪纸创作后现场展示

图4-21　剪纸传承现场

率性简洁。剪纸艺人多用大块面来表现作品，以"阳剪"为主。南方剪纸：以画为稿，构图简练，形象夸张简洁，技法变中求新，线条圆滑。两者共同造就了中国民间剪纸艺术的丰富多彩和独特魅力。

4. 非遗创新产品

（1）创意主题 + 独特材质

团队采用的是与厂家合作的定制材料，具有耐用性。自制刀片解决了刀片只能使用一次的问题，垫板由多种材料生产成软性板，提高刻纸效率。为探索非遗文化助力乡村振兴，团队运用传统与现代的碰撞，创作出部分剪纸画作。（图4-22）

（2）剪纸设计 + 服装

剪纸与服装设计相结合，设计出具有剪纸符号的特色T恤，符合大众的审美需求。（图4-23、图4-24）

（3）剪纸设计 + 装饰品

剪纸作品与装饰包装结合，创作出独有的装饰风格，以红色调为主，给人们非常喜庆的感觉。（图4-25、图4-26）

5. 剪纸产品销售

（1）B端用户

通过展览展现出品牌性、专业性，扩大销售渠道，宣传品牌，拓展客户端。以剪纸为主题的婚礼，以剪纸表达对生活、对另一半的爱，让艺术有了动人的情感和永远年轻的生命力。通过政企合作，让剪纸成为文化宣传符号、传统节庆符号等。（图4-27）

图4-23　团队作品——生活用品系列　陈露露

图4-24　传统服饰系列　陈露露

图4-22　建党100周年剪纸　陈露露

图4-25　文创系列　陈露露

(2) C端用户

通过直播＋电商（淘宝店）带货，减少囤货量，增加销售量。互联网时代，剪纸行业的经营模式急需改变，以适应当代环境的变化。年轻一代的消费者更喜欢网购，线下业务应紧密结合线上业务，两者的结合将在很长时间内成为主流模式，应基于实体店打造网上经营新模式。（图4-28）

图4-26　剪纸与景德镇陶瓷厂合作瓷盘系列　陈露露

图4-27　线下展馆展示

图4-28　扇子文创系列　陈露露

三、项目进程

在产教融合理念的指导下，学校积极发挥产学研的作用，创建导师工作室，吸纳学院各个专业的同学加入。成员分工合作，结合剪纸的特点大胆创新，逐渐衍生出"彩剪中国"项目。项目历时两年，不断梳理定位，开发出一系列剪纸产品，逐渐被市场认可。

学校朝着成为全国"产教融合"示范性高校和全国一流高校的目标不断前行，持续为社会输送拥有完备的知识体系和高职业素质、高职业能力的创新型、复合型、应用型专业技术类人才。通过创新创业平台给各个校级创业团队赋能，从商业知识到专业知识定期进行培训，聘请专家为客座教授，同时邀请各类行业专家学者开展专项讲座。学院助力剪纸项目，在传媒系一楼开设大师工作室，借助双创平台对接剪纸行业协会，帮助团队连接各个学校团体进行培训活动。双创平台将"彩剪中国"高端定制产品导入五十余家合作企业库，保证了项目前期市场的开拓，目前已与五家企业完成产品定制业务。

1. 商业模式

"彩剪中国"结合非遗自身特点，发挥独特优势，通过宣传、培训、产品设计、生产、销售等环节形成模式闭环，目前已开始运营并获得成效。（图4-29）

（1）用户

基于项目发展的需要，阶段性服务客户。主要用户群体为有商务往来需求的企业，以及对文创产品有需求的用户。

（2）价值主张

解决送礼难、选择难、高品位的需求，

图 4-29　"彩剪中国"商业画布

重要合作伙伴	关键业务	价值主张	客户细分	客户关系
• 电商平台公司 • 短视频平台公司 • 文创合作企业 • 社交平台公司 • 其他互联网平台公司	• 销售文创产品 • 自媒体账号运营	• 剪纸进万家——以贴近公众实际需求为导向开发产品 • 创新非遗文化——打破公众对非遗的刻板印象,使文创产品娱乐化	• 体验型游客 • 消费者——对文创产品有需求或者被吸引来的顾客 • 相关服务型企业 • 商务往来需求企业	• 文化输出关系 • 需求购买关系 • 互利共赢关系
	核心资源 • 思南非遗剪纸技艺 • 团队创新能力 • 1个电商平台店铺 • 1个线下体验馆 • 1个短视频平台账号		**渠道通路** • 合作传统线下渠道 • 电商平台 • 短视频平台 • 社交平台 • 其他互联网平台	

成本结构	收入来源
• 创意开发投入 • 电商平台、社交平台等的运营费用 • 公司经营费用	• 销售主产品收入 • 销售衍生品收入 • 短视频平台流量变现

让剪纸产品进万家,为每个家庭提供艺术审美和实用的双重享受,满足实际生活需求。(图 4-30)

（3）渠道选择

在学校大力发展产、学、研、创的前提下,通过学校投资方和学校创客空间平台资源导入企业用户,直接对接各大企业协会用户,提供专项定制服务。开通短视频平台和直播橱窗,引流平台用户。(图 4-31)

（4）客户关系

全年提供礼品定制服务,不断创新剪纸文创配套产品。通过学校双创平台众创空间对接多家企业,提供画像剪纸、团扇、丝巾、化妆镜等产品,均获得市场认可。团队注重产品实用性,结合文创品牌的设计思路,创作符合大众审美的生活用品,通过直播方式构建与大众之间的通道。(图 4-32)

（5）主营收入

项目团队在一年的业务沉淀中,产出定制

图 4-30　"彩剪中国"剪纸产品

图 4-31　"彩剪中国"剪纸产品

产品十余种,定制产品创收十多万元。"彩剪中国"工作室前期以学校双创平台作为主体对外进行商务合作,待客户稳步扩充、业务稳定后将孵化成立有限责任公司。

图 4-32 "彩剪中国"剪纸产品　陈露露

（6）成本结构

产品成本分两大类：一是剪纸艺术展品，直接成本是由手工制作产生的人力成本；二是剪纸系列文创产品，由合作文创厂商进行定制生产。（图 4-33）

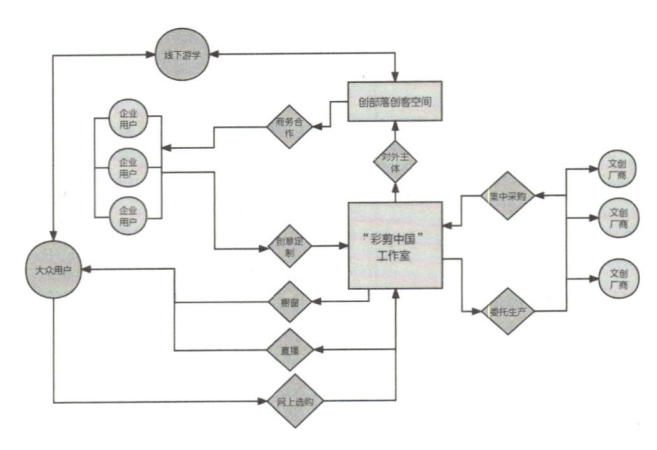

图 4-33 "彩剪中国"业务流程图

2. 团队介绍

"彩剪中国"组织架构情况见表 4-1。

表 4-1 "彩剪中国"组织架构

创意组	电商组	新媒体组	市场组	产品组	顾问组
图样开发 陈某某	销售 电商班	短视频 周某	策划 陈某某	材质开发 骆某某	运营、创意指导 李某、方某某
工艺开发 颜某某	客服 陈某某	直播 卓某某	客户管理 电商班	模型 陈某某	技术指导 张某某、王某某

四、项目规划

1. 融资计划

（1）股权结构

①融资前股权结构。

②按照出资比例来分股权。

③创始人股权：创始人出资 ÷ 总出资 × 100%。

④核心成员股权：核心成员出资 ÷ 总出资 × 100%。

（2）融资计划

①融资后股权结构。

②创始人股权。

③核心成员股权。

④投资人股权。

⑤投资人股权：按比例分别从创始人股权和核心成员股权中抽取。

2. 未来规划（表4-2）

表4-2 "彩剪中国"未来规划表

阶段	规划
2023年孵化期（已基本完成）	宣传完成主流媒体多方亮相
	非遗剪纸就业培训完成初步试点
	产品体系雏形基本完成搭建
	销售市场产生收益
2024年成形期	宣传形成"媒体＋自媒体"阵式
	非遗剪纸就业培训开始流程化
	产品形成1~2个核心产品，提升竞争力
	销售市场稳定，持续产生收益
2025年运营期	宣传以自媒体为主，以合作、媒体宣传为辅
	非遗剪纸就业培训形成多点小规模分布
	产品线形成，深挖单品附加值
	销售市场开始规模化

3. 项目效益

（1）经济效益（表4-3）

表4-3 "彩剪中国"经济效益表

序号	产品类目	销售收入
1	剪纸艺术作品	2万元
2	剪纸纪念品	4万元
3	剪纸艺术瓷盘	12万元
4	剪纸艺术伞	3万元
5	非遗游学体验	7万元
合计		28万元

（2）社会效益

团队充分发挥世界非遗品牌优势，深度挖掘当地民间传统剪纸艺术资源，加大创意设计力度。几年来，团队在传统单层剪纸的基础上，设计出多层剪纸、染色剪纸、套色剪纸，在丰富产品种类同时，坚持手工精雕细刻，进而直接带动工作室从事剪纸设计、销售、运营、市场人员总计45人就业。间接带动合作厂商、联合产品代工、市场销售人员总计约500人就业。现在，剪纸艺术产品销往北京、江苏、台湾等地，并销往泰国，深受人们喜爱。（图4-34）

（3）教育维度

剪纸"喜"文化走进学校，是集研究、教学、衍生产品开发、设计、生产于一体的剪纸传承与传播。传承和发展非遗文化，以剪纸文创产品的设计研发为载体，培养学生的专业素质和实践技能，提升学生的综合能力和社会适应能力。传承非物质文化遗产，创新发展传统文化，积极响应学校"师范底色、铸牢特色、应用新色"的总体办学定位，在传承的基础上，发展剪纸的现代化传承体系，力争在衍生品的设计研发方面有突破性的进展，让文化遗产"活"起来。剪纸艺术进校园强化了校园文化的丰富性，剪纸社团开展"非遗文化进校园，剪纸艺术美心灵"手工剪纸实践活动。

图 4-34 《荷花仙女》 陈露露

非物质文化遗产再创意

第五章 生产到传承：内核续衍生

第一节　相关概念
第二节　掌握非遗内核：衍生产品对接外部需求
第三节　创意运用：文化内核赋予时代寓意
第四节　案例分析：年画——多主题设计的形式凸显

第一节 | 相关概念

一、传统生产方式

传统生产方式可分为产量较低、质量可靠的手工生产和价格与质量双低的批量生产两种形式。手工生产在早期制造行业中可以说十分常见，批量生产则随着生产装配线的产生而不断发展。生产流水线的发展与科学管理理论的应用，突出了精细化劳动分工的作用，追求生产管理效率最大化。[①] 传统生产方式在非遗传承中是常见的生产方式，生产时间漫长，生产成品数量低，这是相对现代化生产来说存在的缺点。传统生产在非遗生产中有自己独有的艺术魅力，作品的艺术性是现代化生产无法代替的，两者各有自己的优点。传统的生产方式由于工序问题缺少必要的信息沟通，往往造成中间产品过多或过早地生产，造成中间产品的大量积压。非物质文化遗产的传统生产方式不会出现大量库存积压现象，原因是非遗传统生产主要是满足自己生活需要，多余产品才拿到集市上买卖。（图5-1）

二、现代化生产

现代化是指现代发生的社会和文化变迁的现象。生产指人类从事创造社会财富的活动和过程，包括物质财富、精神财富的创造。现代化的生产力和现代化的生产方式的统一构成了现代化的经济。现代化生产主要是指依靠现代化技术、设计进行的物质生产和精神生产的总和。现代化生产主要表现为具有一定标准的工业化生产，批量生产商品。每一种生产模式都有自己的现代化生产方式。

生产过程的不断更新与劳动生产率加速提高是现代化生产的特征。大工业生产之前，所有的生产方式的技术基础本质上是保守的，而现代工业的技术基础是革命的。马克思说，生产方式的变革，在工场手工业中是以劳动力为起点的，在大工业中是以劳动资料为起点的。只要某项现代科学技术的发明革新在生产上应用，就会引起生产过程的一系列变化，工艺过程和组织要改观，分工与协作关

图5-1 传统手工艺制作

[①] 李息褀.生产方式对企业人力资源管理的影响——以传统生产方式、福特制、后福特制、新福特制、温特制为例[J].开封文化艺术职业学院学报，2020，40（7）：211.

系要改变，工人的职能要更动，工人要从一个生产部门向另一个生产部门全面流动，管理体制与方法要更新等。现代科学技术发展的趋势，使从科学上新发现和技术新发明转变到生产上应用的时间越来越短，使机器设备更新时间日益缩短，新产品新技术的陈旧周期也大幅缩短。①

现代化生产所引起的社会分工、职工结构的变化是多方面的，主要表现在：物质生产部门的工人相对减少，非物质生产部门的劳动力迅速增加；物质生产部门的劳动力数量相对减少，而质量明显提高；简单劳动的劳动力在减少，复杂劳动的劳动力在增加；非熟练工人在减少，熟练工人在增加；直接使用生产工具从事生产的劳动力在减少，远离直接生产过程间接作用在劳动对象上的劳动力在增加。所以，现代化生产的劳动力的合理的结构群（合理的比例）并不是金字塔形的。②现代化生产给非遗带来更大的市场空间，可以降低生产成本。非遗产品可以在市场上进行商品化生产，可以与科技融合成为非遗文创产品，让更多消费者感受非遗文创带来的沉浸式体验。现代化生产是科学化的生产、社会化的生产、不断更新与高效率的生产。这种生产就必然引起或者决定着劳动力状况的重大变化。社会再生产的进行是以一定的劳动力的再生产为前提的。而劳动力的结构与素质是与社会生产的发展水平直接相关的。③非遗的再生产离不开社会生产水平，非遗再创意更需要社会生产水平，非遗与不同领域的跨界合作都需要社会再生产，只有这样非遗才能更好地传承、发展、传播。

三、非物质文化遗产传承

非物质文化遗产传承主要通过静态保护和动态传承两种方式。静态保护主要是对非物质文化遗产传承过程中的相关资料的收集、记录、成果保存等，是对动态传承的一种辅助手段。静态保护的方式随着时代的发展、科技的进步开始多样化，很多学者用影像建立档案保护库。动态传承是为了使非物质文化遗产在民间长远地活态存留下来，使之适应当代生活的需要，成为新的文化组成部分。④非物质文化遗产传承的主体是人，传承活动中传承者的理念正误决定着非物质文化遗产是否真正得到传承。动态传承是非遗传承的主要渠道，通过动态传承把非遗长时间地保护好、传播好、利用好，让非遗文化更好地发挥文化价值。非物质文化遗产作为一种社会性生活文化，离不开一定的社会环境。非物质文化遗产的传承和发展，也离不开一定的传承语境。⑤非遗的动态传承需要一定的空间环境，离开空间环境，没有人们的文化认同是很难生存下去的。非遗文化单纯的传承生产是很难被外域人认可的，但是非遗通过加上外域文化进行再设计，成为非遗文创产品，这样就极有可能被认可。

中国非物质文化遗产存在三种主要的传承路径，即原生地原生传承、原生地次生传承与离散地衍生传承。

---

① 孙喜亭.现代化生产与教育现代化[J].教育研究与实验，1984（3）：6.
② 孙喜亭.现代化生产与教育现代化[J].教育研究与实验，1984（3）：7.
③ 孙喜亭.现代化生产与教育现代化[J].教育研究与实验，1984（3）：7.
④ 梁文达.中国非物质文化遗产传承对国家文化软实力提升研究[D].北京：中央财经大学，2017：23.
⑤ 黄龙光.当前中国非物质文化遗产传承的三条路径[J].思想战线，2017，43（1）：150.

1. 非物质文化遗产的原生地原生传承

原生地原生传承主要指非物质文化遗产总体上仍在其产生和发展的地域环境和社会空间内,按照文化主体的传统生活逻辑实现代际间的传递和延续,其主要原生功能依然发挥着主要的作用。原生地原生传承保留了传承本质,原生态保护得更好,让更多人感受到原生传承的魅力。传承人传承技艺主要也是对本族人的传承,少有外来人接受传承学习。原生传承有地域性、民族性特点,主要的传承对象是家族人员,传承方式是手把手传承,由上辈传承给下辈,如刺绣工艺、织布工艺、银饰工艺、木版年画制作等工艺。过去生活艰难,人们有一门手艺,能养活一家人,出于这个原因,会出现只传承自家人的现象。

2. 非物质文化遗产的原生地次生传承

原生地次生传承指一种在新的传承语境下在原生地生成的复杂的传承路径,它主要指非物质文化遗产大体仍在原生地域环境范围内,但在新生的社会生活空间下,文化持有人通过文化展演的方式进行一种文化的现代操弄,不仅通过将文化遗产资源化实现遗产的经济化,而且也由此完成对文化遗产的传递和延续。非物质文化遗产的这种原生地次生传承,夹杂着对如游客等外来他者的文化展演与对内部自我的文化实践,有的是二者同时进行合二为一,有的是前后进行分步实施。对于非物质文化遗产的主体而言,此时文化遗产不仅是其身份认同的立命基因,而且是其在现代社会经济诉求的安身资源。大批外来体验者参与到本土者的活动中来,热情高涨,文化主体在以现代展演为核心的传承实践中,也会激发出前所未有的热情。传承人甚至可能分不清什么时候是为"他"而演,什么时候是为"我"而传,或者展演和传承本已合二为一,因为"我"和"他"可以混生成一个更大的文化主体,共同操弄遗产并享受文化的魅力。

3. 非物质文化遗产的离散地衍生传承

离散地衍生传承指非物质文化遗产离开原生地的自然社会环境,也脱离文化所属主体的社会生活,在或远或近的异地重置语境后所进行的诸如舞台化展演等一系列脱域传承。这种脱域传承是在文化源自的社区外部面对他者的拟专业化表演,因此更多地成为一种以文化生产和文化消费为核心的现代文化创意与产业开发,不仅带有以意识形态为核心的文化政治色彩,也带有资源逐利的文化经济特点。从表面上看,非物质文化遗产的离散地衍生传承,主要在族际间和跨地域横向流动而非族群内部自然传递,应该是一种文化传播而非传承,但从深层次来看,这种族际间、跨地域文化传播的结果,不仅在于向作为他者观众和参与者传递文化遗产的历史记忆或文化技艺,而且通过一种主体基于现场的文化比较视野下对其文化价值感的即时感召,以此唤起他们对自己文化遗产的再认识和再认同,对自己文化产生一种自信心和自豪感,最后逐渐在族群内部建立起一种民族文化自觉意识,自觉启动对自己文化遗产的持久性群体传承。从这个意义上说,这种有效借助现代文化传播媒介的离散地衍生传承路径,具有其独到的传承价值。[①]

非遗传承主要讲到对传承人和场域的问题,非遗传承离不开这三种传承路径。

非物质文化遗产不仅仅是当地人的生活文化,同时还可作为一种文化资源,从而实现着文化的经济化,于是遗产也成为一种供外来他

---

① 黄龙光. 当前中国非物质文化遗产传承的三条路径[J]. 思想战线, 2017, 43(1): 152-153.

者消费的展演文化,因为人们对经济的诉求远远超过对文化其他功能的诉求。[①] 非遗文化传承为本地经济带来产业增长,游客参与到非遗文化体验中,感受非遗文化的魅力,从而带动地方经济发展。非遗文化在设计师的创意设计下产生新的文化产品,消费者进行购买,非遗文化自然转化成非遗经济。

四、内核范畴

内核范畴主要是精神内核和技术内核,下文从这两个层面对内核做讲解,让同学们在做非遗再创意时能从两个层面进行构思创作。精神内核主要是指非遗内容的精神内核,创意者在进行创意时多构思精神内容的完整性,给消费者带来更多的精神财富。技术内核主要解决技术层面,让非遗文创更有技术科技,给消费者带来不同的体验感受。两者融合非遗文创,会给非遗文创带来新生命,让人们重新认识非遗文化的含义,非遗文创将迎来自己的新世界。

精神内核是精神品质中的核心部分。[②] 非遗内容是精神品质的重要载体,抓住非遗核心内容,非遗再创意才能真正实现设计的意义。对于"精神",《辞海》将其定义为:与"物质"相对;人的内心世界及其现象;唯物主义常将其当作"意识"的同义概念;包括思维、意志、情感等有意识的方面,也包括其他心理活动和无意识的方面。学者黄莉指出"精神"属于文化的精粹和精髓,属文化的核心层。[③] 设计师在非遗再创意时找到非遗项目的核心层才能抓住本质,创意项目、创意产品才能被消费者、被市场认可。抓住核心层,需要设计师进行深入挖掘才能实现,深入生活调研,经文献收集、资料整理、分析总结、创立构思、实践创作、样品验证等一系列过程,最终由市场来验证创意是否有成效。

技术内核又称为技术核心,是在基础理论基础上,在确定技术路线的情况下,支撑产品实现的技术选择中的关键部分,完成这条思路的技术和工艺就是核心技术。根据《现代汉语词典》(第七版),"关键"是比喻事物最关紧要的部分、对事情起决定作用的因素;"核心"是指主要部分(就事物之间的关系而言);"技术"是指人类在认识自然和利用自然的过程中积累起来并在生产劳动中体现出来的经验、知识,也泛指其他操作方面的技巧。技术核心一般表现为一种知识体系,非遗的技术核心是手艺的技术性,技术由人来完成,生产者因知识体系不同,技术层次自然不同。关键核心技术主要是指基础技术、通用技术、非对称技术、"撒手锏"技术、前沿技术、颠覆性技术等。[④] 非遗与现代核心技术融合,未来非遗创意项目、创意文创产品将是一种"新概念"的文创产品。

---

① 黄龙光.当前中国非物质文化遗产传承的三条路径[J].思想战线,2017,43(1):151.
② 程刚,李安增.社会主义核心价值体系建设的新视角——基于"感动中国"人物精神内核的探讨[J].中共青岛市委党校.青岛行政学院学报,2012(5):76-78.
③ 黄莉.体育精神的文化内涵与价值建构[J].体育科学,2007,27(6):89.
④ 樊继达.以新型举国体制优势提升关键核心技术自主创新能力[J].中国党政干部论坛,2020(9):48.

第二节 | 掌握非遗内核：衍生产品对接外部需求

一、工匠精神传播产品内核力量

非遗创造性转化、创新性发展离不开人的主导，传承人更是发挥着不可替代的作用。在现代消费观念变迁的语境下，工艺大师、民间艺人、代表性传承人、手艺人等一系列身份使非遗项目的价值不仅具备纯粹的使用价值，更重要的是非遗产品的"出处"——由谁制作、由谁设计、由谁与谁合作等，即产品的制作者或生产者拥有什么样的身份地位，这体现了后消费时代消费者对传统文化的消费从功能消费转化为对符号的消费。①

传承人的工匠精神或工匠气质的沉淀是一个时代对传统文化态度的直观代表，传承人所体现出来的精益求精、追求完美、脚踏实地等精神正是当代社会青年所需要学习和具备的。传承人对待非遗项目高度负责的敬业精神，更是体现了对文化、对生命的尊重。在众多非遗纪录片中，传承人以崇高的责任感和厚重的使命感完成对作品的制作与演绎。传承人所具备的工匠精神是在不断地学习与实践中形成的，对非遗项目的技术掌握需要不断克服日复一日、年复一年重复动作带来的枯燥感及突破技术瓶颈的勇气与坚持，凭着信念的坚守，创造出精益求精的艺术产品。非遗产品不仅是独特传统技术的体现，更是一门艺术。非遗传承人以艺术品的标准制作非遗作品，将工匠精神融入创作过程，契合当下创新是民族进步灵魂的理念。非遗传承人的工匠精神通过一代又一代的技艺传承而延续，新一代传承人将时代观念、所感所悟融于传统文化中，创造出迎合时代的创意产品，这也是工匠精神的内涵所在。

于当代而言，传承人是产品的首要关注焦点。大部分传统文化创意产品通过制作产品宣传片、创意广告、纪录片等，多以故事讲述产品和非遗传承人之间的关系，故事或娓娓道来，或温情呈现，或出其不意的结局等，呈现了非遗项目具体的、活态的传承精神，潜移默化地提高了非遗的传播效果和受众对非遗文化的认同与文化自信。非遗传承人"出镜"不仅是产品的传统与当代跨界合作，更是为产品价值切入点赋予了文化滤镜，在纪录片等叙事语境下，以现代信息传播的方式拉近非遗与受众的距离。互联网的精准营销将相同爱好的群体聚在一起，匹配出差异的文化圈层。非遗传承人的匠心和故事以引发情感共鸣的方式吸引尽量多的受众对非遗的关注，提升对跨界合作创意产品的好感度和忠诚度，为非遗真正"活起来"提供了无限可能，为现代产品走向市场、提升竞争力赋予力量。2021年，雅迪官方上线了《冠能当潮 飙出后劲》OTV短片，邀请用户共同开启雅迪冠能非遗掌潮之旅。通过连接皮影戏、剪纸、宫灯、说书、舞狮五种非遗文化，实现了非遗文化与现代科技的融合，将镜头对准非遗传承人，推出《逐影之旅》皮影戏篇、《跃然之旅》剪纸篇、《惊奇之旅》说书篇、《焕能之旅》宫灯篇、《炫舞之旅》舞狮篇系列纪录片，以真实的镜头语言讲述五位新生代非遗传承人在选择传承非遗文化背后的坚守与努力，体现了当下新生代崛起的精神面貌和趋势，能够引起

---

① 荣树云."非遗"语境中民间艺人社会身份的构建与认同——以山东潍坊年画艺人为例[J]民族艺术，2018（1）：91.

年轻人的共鸣。2021年1月22日，《逐影之旅》皮影戏篇作为雅迪冠能非遗掌潮之旅的首部系列纪录片正式发布。在光影变幻的骑行乐趣中，雅迪冠能系列与皮影戏非遗传承人一起在皮影戏中探寻年味儿背后的匠心工艺。首部纪录片的主角孙卫，出生于皮影戏世家，经他之手，一幅幅皮影色彩鲜艳，栩栩如生。皮影的制作极为复杂，通常需要经过8道工序，其中仅镂刻这一步骤就需要十几至几十把雕刻刀具，背后承载着传统文化的匠心精神。皮影戏十分注重塑造形象，而雅迪也在外形设计上注入了巧心灵思。20多年来，雅迪也以匠心精神持续专注做好电动车，始终将生产更高端的电动车视为己任，旨在提供让消费者有幸福感的产品和服务。在光与影的摇曳中，雅迪遇上古老的民间艺术皮影戏，用一次非遗文化与现代科技的奇妙碰撞，为人们开启了一场年味儿十足的国潮体验之旅。天津雅迪负责人还表示，传统非遗文化展现的是中国文化的独特风貌，雅迪一直以民族品牌身份征战全球市场，致力于为全球用户提供绿色科技出行解决方案，始终走在全球科技的前沿，不断探索和满足消费者需求。①（图5-2、图5-3）

二、非遗文化记忆影视再现

布尔迪厄认为，文化资本与"场域"和"惯习"有密切关系，并且文化资本可划分为：（1）具体的状态，以精神和身体的持久"性情"的形式；（2）客观的状态，以文化商品的形式（图片、书籍、词典、工具、机器等等），这些商品是理论留下的痕迹或理论的具体显现，或是对这些理论、问题的批判，等等；（3）体制的状态，以一种客观化的形式，这一形式必须被区别对待（就像我们在教育资格中观察到的那样），因为这种形式赋予文化资本一种完全是原始性的财产，而文化资本正是受到了这笔财产的庇护。②文化资本的具体状态，就是强调一种身体化，即将知识、技能、教养融入身体行为，成为身体和精神不可分割的一部分，也可以被称为"惯习"或"身体化文化资本"。如同非遗手艺人，通过长时间学习非遗技艺，在显性意识与隐性意识中不断挖掘和储存社会记忆，提高技能，加深感悟，提升审美修养，无形中将这些"技能"通过非遗制作的过程转化为自身的文化资本。文化资本积累到具体化，需要耗费大量时间

图5-2　雅迪冠能《雅迪冠能非遗掌潮之旅》（1）

图5-3　雅迪冠能《雅迪冠能非遗掌潮之旅》（2）

---

① 雅迪电动车用高科技助力非遗文化传承［EB/OL］.（2021-01-29）［2023-8-25］.https://www.sohu.com/a/447467688_120342230.
② 皮埃尔·布尔迪厄.文化资本与社会炼金术——布尔迪厄访谈录［M］.包亚明，译.上海：上海人民出版社，1997：192-193.

和精力，个体的差异性导致文化资本也呈现出个性化和多样性的特点。

非遗身体化文化资本往往通过群体体现出来。它不局限于非遗传承人范畴，而是通过地域范围内特定群体的生活、生产实践展示出来，展示结果可以是有形产品，也可以是无形服务，可以形成多元经济现象和丰富的文化产品。目前在影视艺术表演产业方面多见于相关产品和服务，如电影作品、综艺娱乐节目、话剧、歌剧等。影视与非遗最先结合的项目包括民俗、戏剧、曲艺等形式。国内相当数量的影视作品从民俗文艺的形式和内容中撷取素材，以此丰富剧情内容，提升作品内涵，升华电影主题。影视创作者根据创作意图和创作需求，把符合需求的民俗文艺符号、内容等进行功能性提取、排列、组合，以达到符合影视剧情、要素表达等目标。《红高粱》中"祭酒神"的场景，电影《白鹿原》中的华阴老腔，《霸王别姬》中的京剧等，这些场景不仅是影片简单的点缀，其独具特色的艺术表现力与影片融合在一起，提高了影片的艺术感染力。①（图5-4、图5-5）影视作品在展示给观众时，无形中将非遗文化输出给观众，以影视特有的表达手法让观众对非遗项目产生深刻印象，为非遗项目展示提供新平台和后期影视衍生品的更多可能。随着社会对非遗的重视程度越来越高，越来越多的非遗进入影视中，如传统戏曲、传统技艺、传统舞蹈等，目前已出现以非遗为叙事主题的影片，如《皮影王》以海宁皮影为主题，展示作为光影艺术源头的皮影戏历史；《百鸟朝凤》讲述了两代唢呐艺人对唢呐艺术表演的坚守与传承。

三、非遗生活化创造

众多非遗之所以能够传承千百年，其生活化特质占据主导地位。非遗产生的根源在于人们对它质朴的、实际的日常生活需要，并在人们生产生活过程中不断得到进化、传承、发展。非遗适合于人们所处时代的质朴生活氛围，是建立在人们的生活需要和审美需求基础之上的，激发人们在特定文化场域中创造出物质与

图5-4 《红高粱》电影海报　　图5-5 《白鹿原》电视剧海报

---

① 朱晓华.文化资本视域下非物质文化遗产的文化创意产品开发模式研究[D].南京：南京师范大学，2019：27.

精神相辅相成的各类具象或抽象的文化体现形式。着眼现代生活，非遗回归质朴氛围，融入人们日常生活尤为重要。传统与现代的融合，文化与经济的并进，不断刺激市场推陈出新，紧抓现代人的消费需求和消费习惯，刺激消费欲望。非遗只有适应人们的生活需要，才能继续绵延下去。今天所谓"非物质文化遗产"，多产生于农耕社会，来源于民众生活，是由当事人在以农业为主的社会条件下自发创造出来的，体现出原生态意味的人文活动过程。

非遗产品回归质朴生活，需要创意者发现生活的本质，探寻非遗的内在美，结合现代营销宣传手段，以人们的吃、穿、住、用、行作为满足基础，融合大众文化需求，营造浓厚的生活美学氛围，从多维度引发大众对各类非遗产品的关注，主动激发消费者的生活审美视野与审美需求，并利用生活化非遗产品赋予消费者全新的生活情感体验。这一过程，需要创意者、传承人、策划者等将非遗的原汁原味传承作为根本，利用各种手段将非遗表现形式、核心技艺、流变过程、传承实践等全面记录与全面留痕，将非遗内核牢牢留下，在万变的现代市场中寻求其创新发展之道。只有在生活中传承发展非遗才能实现其永续流传。生活化要求从空间和时间两个维度进行衡量：空间上，强调对非遗文化空间的完整保护和有效利用，结合非遗在地性特点，将本土化特点与更广阔的市场接轨，力求扩大受众，丰富非遗产品功能；时间上，非遗内核精神永存，但随着人们生活环境、经济发展不断加速，日新月异的"现代化"观念促使非遗产品必须迎合当代、适应当代、融合当代，甚至引领当代文化生活，以更加潮流的方式"复古"生活，强调对现代的反思，对生活的热爱。

第三节 创意运用：文化内核赋予时代寓意

一、西江千户苗寨：苗歌演艺

坐落于贵州省黔东南州的西江千户苗寨，被称为世界上最大的苗寨，其内部聚居了超过一千四百户苗族人家。自从元明清时期苗族的第五次大迁徙——由武陵、五溪地区迁入贵州后，他们便一直定居于这翡翠群山之间。数百年来，西江苗族人民在这里日出而耕，日落而息，开辟出了大片的梯田，形成了特有的农耕文化与田园景观，因为地形地貌的原因，将苗族原始生态文化完整保存了下来，独特的地理条件与民族文化相结合，创造了西江千户苗寨独有的贵州苗族文化生态系统，为苗族文化的活态传承提供了现实载体，将丰富且多彩的西江苗族歌舞文化传承了下来。（图5-6）

苗族人自古以来就有以歌定情的文化传统，他们追逐的是自由开放式的恋爱。苗歌作为苗族人民抒发内心情感、勇敢表明爱意的形式，已经流传了数百年，演变出了丰富的苗歌文化。西江苗族传统的恋爱方式——唱情歌这一习俗有着悠久的历史，从其变迁的轨迹来看，时代的文化背景和社会的语境改变起着主要作用。西江苗族苗歌，对苗族传统习俗和音乐文化有较高的理论价值和现实意义，能更好地引

图 5-6　西江千户苗寨全景

导西江苗族人认识民族文化。西江苗族情歌从传统走向现代，其传统生产、非遗传承、现代化生产、技术内核、精神内核等都发生了改变。

声音是可以记录故事的，是有温度的，它伴随着人们的生产劳作，存在于人们的生活之中。歌声的传承并不只是声波的传递，而是一个个属于民族的民族故事，是民间文化的传承。很久以前的民族地区有这么一句话，"会走路就会跳舞，会说话就会唱歌"，这是对当地人民能歌善舞的形容，同时也表明歌舞是他们生活中必不可少的一部分，承载着一个民族的文化。苗歌是人们在劳作时自然传承的音乐文化，现在的传承方式主要发生在学堂里。传统生产方式的改变让苗歌在创作上有了新的含义，创作形式的改变为苗歌的发展创造了环境基础。传承人由过去自己的家人慢慢变成了课堂上的老师或非遗传承人。传承人越来越少，技艺开始出现失传现象，加大传承力度需要现代人的不断努力。

西江千户苗寨既是游客游览的景点，也是苗族人居住的社区，众多的非遗技艺在村民中世代传承，但西江千户苗寨传统非遗技艺在当代文化消费空间中的传承与发展道路已经越走越窄。基于此，地域学者与政府联合提出的"非遗技艺+乡村旅游"发展道路，将非遗技艺的文化内核融入当代体验式文化旅游项目建设中，建立了现代式演艺剧场（图 5-7），对地区经济发展和非遗传承已经产生了一定的效益。沉浸式体验演艺项目，运用先进舞台搭建

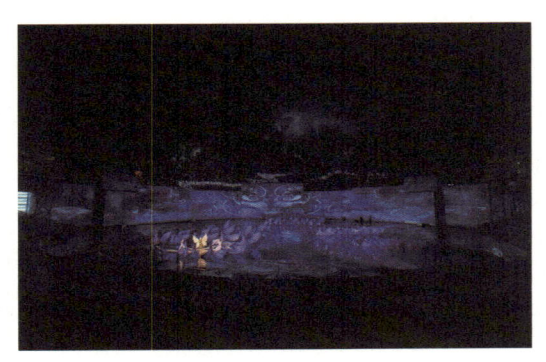

图 5-7　西江演艺实景

技术、全景演出技术、虚拟现实技术等打造苗寨旅游的演艺产品。整台演艺作品分为四部分，开场篇为苗族的由来和迁徙；二是苗族的生老病死，苗族人的一生，从出生到成人礼，结婚生子，最终回归祖先怀抱；三是苗族服饰，展示苗族精美服饰；四是苗族未来发展，是对未来的期盼。整场苗族歌舞剧结合当代科技，呈现了苗族文化特有的技术内核，创造出现代式的苗族文化特有的精神内核。宣传好民族演艺的卖点成为当下西江千户苗寨旅游产业发展的重中之重。

苗族歌曲为了适应现代化的冲击，在不断调整和适应。为了生活，唱歌成为苗族人收入的一部分。时代在变，文化背景在变，经济情况在变，这些都是影响苗族歌曲变迁的原因。作为一种文化现象，苗族人喜欢唱歌的现状无法改变，无论时代怎么变，苗族人那份热爱唱歌的本性一直在延续。生产者根据苗族人特有的这种文化现象，创作出苗族"广场舞"——在广场上进行的演艺活动。活动广场设置在村子中央，节目内容是苗族人的日常生活和歌舞融合，展示给游客们，让游客在苗寨感受更多的文化精神。广场演艺的产生本身就是文化生产到传承的发展，苗族人与外来人一起参与演艺节目，让苗族歌舞传承得更深远。（图5-8）

西江千户苗寨有名的民族节日为当地旅游产业发展带来了不可多得的"黄金时间"，掀起了一波又一波的游客狂潮。节庆文化加上歌舞文化，成为地域文化特有的看点。西江千户苗寨相关部门在寒假和暑假期间组织了一些活动吸引村民和游客参与，如苗族飞歌大赛、芦笙舞大赛、铜鼓舞大赛等。与此同时，还邀请西江千户苗寨景区中的非遗传承人、地区知名主持人、民族音乐人、民族舞蹈家等担当嘉宾与评委，设置奖励丰厚的参赛奖项，以此激励前来游玩的游客与当地村民们踊跃报名参与，让进入景区的游客可以感受到当地苗族人民对生活的热爱与对远道而来客人的热情，将演艺产业、体验产业作为西江千户苗寨旅游产业的发力点，推动地区经济、文化事业的发展。（图5-9）

二、湘西苗族鼓舞：团圆鼓舞[①]

传统的苗族团圆鼓舞流行地域主要集中在苗族人的生活区域，现在会团圆鼓舞的人越来越少。许多老艺人年事已高，年轻人外出打工，愿意学习的年轻人又少，需要加强传承和传播。

图5-8 苗族歌舞表演

图5-9 苗族歌舞全景演出

---

① 踩鼓舞：苗族民间舞蹈，流行于贵州、湖南苗族聚居区。湖南苗族聚居区称其为"团圆鼓舞"。

好在湘西苗族团圆鼓舞是 2006 年被列入第一批国家级非物质文化遗产代表性项目名录的项目，文旅部门针对苗族团圆鼓舞开展了一系列抢救措施，将传统的团圆鼓舞由欢庆舞蹈转型为演艺舞蹈。旅游景点根据开发需要，拓展了团圆鼓舞的参与形式，游客与村民共同参与，让游客在沉浸式体验中感受苗家人热情，在舞蹈中领略欢快的节日氛围，完成了传统团圆鼓舞在当今文旅产业大背景下的转型，成为地方经济的主要项目。

苗族团圆鼓舞是民族传统舞蹈，产生于汉代之前，源于苗族古代祭祀活动。据《苗防备览·风俗考》记载："刳长木空其中，冒皮其端以为鼓。使妇人之美者跳而击之，择男女善歌者，皆衣优伶五彩衣，或披红毡，戴折角巾，剪五色纸两条盘于背，男女左右旋绕而歌，迭相唱和，举手顿足，徐疾应节，名曰跳鼓藏。"这是祭祀性的歌舞活动。随着生产力的发展，团圆鼓舞从祭祀中分离出来，成为苗族人民庆祝节日的歌舞表演形式。

每年的农历腊月二十八，苗家人都要如期赶回家里过年。每到苗家人回家欢聚苗年的时候，总会在村中广场上摆一面大鼓，由德高望重的老人击鼓，年轻人也参与其中，这是有意培养下一代击鼓人。村民和外来众人围成一道道圆圈，男里女外，跟着鼓点边走边跳，跳到高兴时唱起动人的苗歌，尽情表达亲人团聚、生活美好的喜悦心情。鼓点顿挫，舞姿翩翩，苗歌悠悠，好一幅团圆过大年的欢乐情景。

团圆鼓舞的跳跃动作有大摆、小摆、细摆三种，大摆粗犷，小摆稳健，细摆天真，将苗族人的生产和生活结合在一起，祈求丰年的愿望表达得淋漓尽致。现在团圆鼓舞随着科技的进步，音响、灯光等的运用，现场气氛更加浓烈，游客可以充分感受到苗族人特有的团圆鼓舞氛围。随着时代科技内核续衍生变为人们追求的精神内核，团圆鼓舞的现场氛围为人们带来精神的愉悦，从而使人们得到精神的满足。团圆鼓舞要一直跳到正月十五才结束。

团圆鼓舞是一种特殊的集体歌舞形式，其特点是将一面大鼓平置于鼓架上，选一人击鼓，众人和着鼓点，围着大鼓起舞，人数越多越好。其内容主要分为生产劳动、生活习俗、武功拳术、动物动作四部分。例如，团圆鼓舞的生产劳动类，有犁田、耕地、种地、插秧、选谷、晒谷、挑煤、扯炉、砍柴、上山、下山等；又如生活习俗类，有打粑粑、洗漱、梳头、挑花、纺织、推磨、洗菜、淘米、煮饭、洗衣等。[①] 团圆鼓舞是从生产中创作而成，随着时间的推移，省级传承人的传承使命由过去的家族传承变为普遍性传承。

团圆鼓舞的发展带动了地方旅游产业经济，在旅游景点成为演艺产业，它的内容形式、呈现方式、演出场地等都在发生变化。团圆鼓舞的改变是为适应旅游产业发展需要，无论是呈现方式还是环境的改变，都是为使团圆鼓舞更加绚丽。但团圆鼓舞的本质内涵没有改变，都是体现苗族人的生产和生活，表达了苗族人对美好生活的向往。团圆鼓舞从生产到传承再到精神内核，无处不体现着劳动人民的智慧。

三、花木兰：传统故事的现代转化

《木兰诗》讲的是中国古代巾帼英雄花木兰代父从军的故事，她因击败入侵敌军而流传千古，被唐代皇帝追封为"孝烈将军"。

---

① 王婷，于涛.文化人类学语境下的舞蹈本体考察与研究——以湘西土家族摆手舞和苗族团圆鼓舞为例[J].民族论坛，2010(7)：47.

随着花木兰故事的传播，形成了独特的"木兰精神"。《木兰诗》中老父无子是木兰代父从军的直接原因，战争结束后，木兰放弃了官爵和赏赐，回到父母身边，折射出了中国传统文化中为父母尽孝的理念，与文章开头木兰替父从军的原因相互照应。从古至今，花木兰故事本身内涵没有变化，作品呈现形式在发生不断的变化。国内外不同的创意人，通过不同手法创作出不同的花木兰艺术作品。有电影版的花木兰，有动画版的花木兰，有小人书版的花木兰等。这些不同形式的花木兰给观者留下了深刻的印象。花木兰事迹被多种文艺作品所表现，但传统的文艺创作中，多以故事书、儿童连环画、报刊、电视剧等方式传播，主要是集中于对故事的描述和对人物精神的歌颂。（图5-10）

当代的传统文化运用更重视表现形式和文化内涵，赋予当代文创产品或文艺作品独特的精神内涵，如将花木兰的故事进行文艺创作，与皮草公司联名开展相关的业务，将花木兰故事的精神内核与品牌精神相联系，创作新的文创书包。木兰书包的形象设计追求木兰精神——勇敢、坚强、勇于开创。木兰精神内核适应当今社会需要，品牌加木兰特有的精神内核让木兰文创产品大卖，促使木兰文创系列产品产生。图5-11是迪士尼动画长片《花木兰》的衍生文创产品。从1998年动画片上映到现在，花木兰文创产品种类多样，有生活用品、文化用品等。

在传统故事的表现形式上，国外团队结合时下热门的动漫元素，针对花木兰人物形象的设计，创作出人物模型玩偶。完整版的人物形象被开发成"现代式"的游戏，可以对决战场，形成沉浸式游戏玩法。当下，创意人向内与自我深入对话，向外与社会同频共振，用锐利的思潮创造未来，让"木兰"绽放别样的精彩。

图5-10　《木兰从军》连环画

伴随着品牌的成长，创意人通过花木兰的独特设计元素传达品牌理念，将花木兰精神衍生为独立、勇敢、充满智慧的女性的象征，而花木兰的故事也在当代文化价值的转化中，找到了发展方向。（图5-12）

动画电影的拍摄大量运用中国美学风格，背景设计通过追求水墨画风，追求意境之美，营造出淡雅写意的情感，这是迪士尼动画电影对中国美学风格的首次大量应用。《花木兰》整体色彩趋于平和，色调意境运用电脑技术完成，现代技术内核融入木兰故事后，给故事本身带来新生命，观众在感受故事的同时，也体验了技术内核衍生带来的新认识。中国水墨风格整体上有虚实结合的表现力，这在影片中也有明显的呈现，但是单纯水墨画表现不能体现人物形象的力量感，人物性格不能表现得淋漓尽致。创作者根据电影需要对人物形象进行再设计，创作出东西方融合的人物样式。李翔与木兰在雪地里的一场戏，木兰穿着单薄的衣服跪在雪地里，李翔的身后还有一堆小火。从色调对比中呈现情感的复杂性，这一场景中的人物极其写实，木兰

图5-11　木兰形象文创设计

和李翔的表情、眼神、神态等细节表现得生动自然。此时此刻，在雪景的衬托下，木兰的单薄无助、李翔的无可奈何表现得淋漓尽致，一股凄凉悲怆的情感油然而生。色调与情景融合，心情与现实结合，多重复杂的矛盾让观者产生自己的思考，艺术手法由技术内核衍生到精神内核，观众由观者变为思考者。（图5-13、图5-14）

四、牛郎织女：赋予雕刻艺术灵魂

"牛郎织女"是中国古代著名的汉族民间爱情故事，被誉为中国古代"四大民间故事"之首。它流传广泛、家喻户晓，成为儿童成长的陪伴故事之一。"七月七""鹊桥会""乞巧节"等众多的文化因子，集中体现了中华民族的美好情感。"牛郎织女"故事本体经历了悠远而繁复的演进过程，对其故事内容的追溯可推至十分久远的古代。进入21世纪，人们对这则经典民间故事的热情不减反增，创作了各类文艺作品，使用形式各异的叙事手段和传播载体接续着对该主题的无限沉醉。[①]"牛郎织女"的故事在当今创作中的形式多种多样，在不同的领域有不同的体现。（图5-15）

传统的牛郎织女故事活跃于民间，主要传播方式是口耳相传，多以书籍、报刊、影视作品的形式传播。对牛郎织女的关注主要集中于故事的讲述上，在现实艺术创作上，艺术家们关于牛郎织女艺术品的创作也取得了令人瞩目的成就，如民国时期的艺术家创作出了形神俱臻的牛郎织女主题艺术珍品——寿山石雕牛郎织女摆件（图5-16）。这件牛郎织女像尺寸硕大，质地细腻，带粉色状，由一整块寿山石雕琢而成，可见雕刻者功力颇深。寿山石以"天遣瑰宝"出于福州市郊的寿山村。湿润可人的寿山石，千年来以其自然美的魅力，吸引着历代雕刻好手，心摹手追，借其塑造出形神俱臻、精妙绝伦、融自然美与艺术美为一体的艺术珍品，有着极其深厚的文化内涵和艺术积淀，被海内外专家誉为"国宝"。

现代的牛郎织女文化不仅要在传媒领域创新发展，在艺术实物创新上也有着巨大的创作空间。众多艺术家将牛郎织女文化内核精神融

图5-12 《花木兰》

图5-13 《花木兰》动画电影海报

图5-14 《花木兰》电影海报

[①] 蓝信君，梁卿. 吸纳与创意：异文视域下的"牛郎织女"叙事新演进——音乐剧《鹊桥》剧本创作分析[J]. 湖州师范学院学报，2023，45（3）：100.

图 5-15　牛郎织女形象

图 5-16　寿山石雕牛郎织女摆件

图 5-17　书中的牛郎织女

入艺术品创作中，精湛的雕刻技艺与传统的民间故事相结合，产生了新的碰撞，形成精美的手工艺品。它既是文化的载体，也是文化的体现，打破了人们的传统思维，打破民间故事口口相传的模式，打破雕刻艺术只是传统雕刻的想法，用更适应于这个时代审美的方式来使人们认识到传统文化的魅力。

牛郎织女的故事成为艺术家追求的创作主题之一，科技与牛郎织女的融合为新型牛郎织女的呈现方式注入灵魂，让故事更生动，让人物形象更逼真，给观者留下深刻记忆。在"七月七"节日礼品的包装领域，设计师借用牛郎织女故事创作的礼盒包装，成为中国传统文化的传播阵地。牛郎织女的包装摆件成为礼盒饰品，不同材质的变化，使艺术效果更佳，在传承传统节日的同时，牛郎织女故事也得以传播，一举多得。（图 5-17）

第四节 案例分析：年画——多主题设计的形式凸显

一、非遗木版年画的发展演变特点

从古至今，木版年画传达了广大民众的生活理想与美好愿望，反映了我国历代社会生活和民间文化的诸多特性，蕴含着深刻的民族心理和传统的人文观念。因木版年画艺术特色鲜明，文化信息承载量丰富，自2006年起，已经有十七个地区的木版年画被列入国家级非物质文化遗产代表性项目名录，有杨柳青木版年画、武强木版年画、桃花坞木版年画、漳州木版年画、杨家埠木版年画、朱仙镇木版年画、滩头木版画、佛山木版画、梁平木版画、绵竹木版画、凤翔木版年画等。本书就以桃花坞木版年画与朱仙镇木版年画为例，对其展开梳理、呈现、设计等。（图5-18、图5-19）

1. 桃花坞木版年画

桃花坞木版年画源于宋代的雕版印刷技术，到明代发展成为民间艺术流派。清代时期，苏州区域经济的繁荣和发展，使桃花坞木版年画出现雅俗共赏的市井文化现象，形成早期文人意趣浓郁、风格雅致的传统绘画风格。大量的文人画家参与创作桃花坞木版年画，生产量

和技术都有所发展。在中国的文人画中，"雅"是文人生活的特质，苏州自古以来人才辈出，雅俗共赏的文化流行以来，文人学士作为特殊的阶层，对"雅"的追求在一定程度上影响了市民阶层的审美观念。在社会经济发展下，大量的文人画家以卖画为生。在这种大环境下，桃花坞木版年画吸收了大量文人画的精髓。除了文人画之外，徽派版画也对其早期风格有着一定影响。徽派版画布局精细工整，画面风格古雅朴质，既有文人的文气又有民间的拙朴气。由于文人画"雅"的注入，桃花坞木版年画产量大增，每年销量可达到百万张，呈现出一派繁荣景象。

在现代，版画开始模仿西洋技法，在传统绘画基础上，融合西方的绘画表现技法，但这个时期的风格存续并不长久，未得到发展。由于后来经济由盛转衰，人们的生活水平下滑，价格高昂的铜版画脱离了群众需求，逐渐走下坡路。清代嘉庆、道光年间逐渐开始恢复传统的民间绘画形式，仿西洋的绘画技法对桃花坞木版年画的影响已经彻底萎缩。清代同治之后，桃花坞木版年画的服务对象转向农村，这一时期的年画开始偏向质朴的民间明艳简练风格，

图5-18 杨柳青木版年画

图5-19 杨家埠木版年画

同时在内容和形式上也主要满足农业的生产生活需要。鸦片战争之后，桃花坞木版年画中的颜料被外来西洋合成颜料取代，虽然仍以常用的三原色为主，但开始大量使用桃红、深紫等较为鲜艳的色彩，辅助粉红、粉绿和灰色协调整个画面，视觉语言相对早中期强烈又富有节奏感。这个时期的版画形式，按照人们生活需求突出主题，年画不再那么精致，人物大色块平涂、重叠，画面简单，形象刻画不再追求精致，年历画和门神成为年画的生产主力，小说时事也成为年画的新题材形式。新中国成立后，桃花坞木版年画才得以迅速恢复，迎来了新的春天。民间创作者多以苏州的风俗人文来创作，也用于宣传国家政策，创作一系列时代气息浓郁的传统民间美术作品。

桃花坞木版年画的艺术特征：构图饱满，造型严谨，形象夸张，线条流畅，生动自然，色彩鲜明，不失清雅，装饰性强，题材形式多样，有生活主题，有动物主题，人物主题最丰富，如百子图、八仙人物图、美女踢球图等等，具有强烈的造型语言、色彩语言，地方风格鲜明。（图5-20）

2. 朱仙镇木版年画

朱仙镇木版年画是中国古老的传统工艺之一，诞生于唐代，兴于宋代，鼎盛于明代。[①]宋朝良好的经济条件和社会历史地位都是促进年画蓬勃发展的重要原因。宋朝时期的都城为汴京城，即现在的开封。北宋时期的汴京城经济文化水平高速发展，社会发展均衡，人文艺术氛围较好。在著名风俗画家张择端的《清明上河图》上便有对木版年画的记载，

图 5-20　桃花坞木版年画《一团和气》

画面中可以清晰地看到"王家纸马"字样，可见当时汴京城的繁荣景象。而朱仙镇坐落在距离汴京城仅十余里的地方，交通便利，是当时重要的水运枢纽，成了繁华的商贸之地。这一重要的地理位置，奠定了朱仙镇发展的基础，其木版年画作坊数不胜数，分布在朱仙镇周围，以朱仙镇这一重要的交通枢纽作为中心点。宋朝时期造诣极高的人文艺术进一步推动了年画的发展，壮大了年画作坊的队伍，是朱仙镇木版年画飞速发展的重要原因之一。[②]朱仙镇木版年画在发展道路上并不是一帆风顺的。在清朝末期，由于种种原因和当时的大环境，再加上朱仙镇河道阻塞，航道不通，朱仙镇木版年画产业逐渐萧条，从此卸下了华丽的帷幕。[③]抗日战争时期，民不聊生，经济惨淡，百废待兴，年画作坊也在战乱中相继倒闭。大量的木版年画老版受到严重摧残，很多珍贵优秀的古版被肆意毁坏，有的甚至流落国外，令人唏嘘。[④]

---

① 沈泓.中国雕版　年画[M].贵阳：贵州教育出版社，2022：98.
② 张孟珠.朱仙镇木版年画发展与传承调查研究[D].长春：吉林艺术学院，2020：22.
③ 张孟珠.朱仙镇木版年画发展与传承调查研究[D].长春：吉林艺术学院，2020：22.
④ 张孟珠.朱仙镇木版年画发展与传承调查研究[D].长春：吉林艺术学院，2020：23.

在现代，中国的优秀传统文化越来越受到全国各地人民乃至世界人民的关注。作为优秀传统文化之一的朱仙镇木版年画，以其独特的艺术魅力吸引着社会各界民间风俗和年画艺术爱好者的目光。朱仙镇木版年画的修补和创新工作迫在眉睫，必须适应新的社会发展潮流，发展年画的独特文化艺术，宣扬艺术文化，使朱仙镇木版年画充分发挥历史价值和艺术价值，实现活态传承。社会各界人士对朱仙镇木版年画日渐重视，在朱仙镇建立了"朱仙镇年画一条街"手工年画作坊，意在宣传优秀的特色地方民俗文化，并开展各类年画保护活动。在建立朱仙镇年画博物馆的同时，还举办年画走进大学校园、年画艺术民俗地方宣传等活动，呼吁和唤醒人们对优秀传统文化的认知和重视。①

朱仙镇木版年画的艺术特征：构图饱满，比例匀称，造型鲜明，夸张生动，线条粗犷简洁，人物形象古朴，画面内容丰富，题材多样，有人物，如门神、灶神、和合二仙等，有山水、花鸟、民间传说，还有戏文故事等，色彩鲜艳，用色大胆，装饰语言丰富，有自己的民族特色。（图5-21、图5-22）

3. 木版年画的传统应用

木版年画是我国的传统民间艺术形式，有着一千多年的历史。唐代以来佛经版画的兴起、雕版技艺的成熟和宋代市井文化的发展，都极大地促进了木版年画行业的兴盛与繁荣。我国木版年画在千百年的发展过程中，因地域的不同而呈现出多种多样的面貌和风格，各地既保持着与其他地区技艺上的交流关系，又保持着自身在题材和形式上的独特性。有木刻朴实、色彩浓重、历史悠远的河南朱仙镇木版年画；有柔丽多姿，结合了木版套印和手工彩绘的杨柳青木版年画；有粗犷质朴、乡韵十足的河北武强木版年画；有构图丰满、色调明快的苏州桃花坞木版年画；还有造型抽象、画面生动的云南甲马；等等。这些木版年画体现了丰富的地域特色和独特的风格种类，展现了古往今来民间匠人高超的技艺，也呈现出了我国传统手工艺品多姿多彩的艺术风貌。②

木版年画是中国历史悠久的传统民间艺术形式，具有独特的装饰价值，同时承载了中华民族浓厚的民族情感。在传统年画的运用中，年画作为门神贴画的历史最为悠久，

图5-21 朱仙镇木版年画

图5-22 朱仙镇木版年画明信片设计

---

① 张孟珠. 朱仙镇木版年画发展与传承调查研究[D]. 长春：吉林艺术学院，2020：23.
② 陈昊昱. 非物质文化遗产的自媒体平台传播研究——以木版年画为例[D]. 郑州：中原工学院，2019：8-9.

早在汉代就已经出现了"守门将军"的门神雏形。唐代以来佛经版画的发展和雕版技术的成熟、宋代市民文化的发展，都大大促进了木版年画的繁荣，为传统年画从物品转变为商品创造了转化空间，使得木版年画以商品的身份在社会上流通。北宋时期出现了专门售卖年画的"画市"，当时称为"画纸儿"。宋金时期，木版年画制作工艺达到新的高度，已经出现了"四美图"这样的精美绝伦的木刻版画作为收藏品而存在。清末，年画的使用地区几乎覆盖了全国。在民间，年画就是年的象征，不贴年画就不算过年。年画已不仅是节日的装饰品，更是市民生活和民风民俗发展的记录者，将特定历史场景下的生活场景和民俗活动记录了下来。它所具有的文化价值和艺术价值，使它成为反映中国民间社会生活的百科全书。从唐朝初直至清代末，木版年画的图案更多的是民间用来反映生活、传播政治思想的基本图案，还有些是民俗的代表性人物或者物件的图案，所以木版年画在古代的发展也有局限。古代木版年画的运用过于遵循本身的传统形式，受到了一定的束缚。今天回顾年画传统艺术，不仅可以让我们生发出爱国主义和民族自豪感，更会为民族文化的振兴找到源头活水。（图5-23~图5-25）

二、木版年画的制作工艺

木版年画的制作，每个地区有自己的特色工艺，同时也有共性。本书不能对每个地区的制作工艺全部展开讲述，仅选取共同性做讲解。制作工具差异不大，有木板、刻刀、颜料、纸张、

图5-23　木版年画装饰画

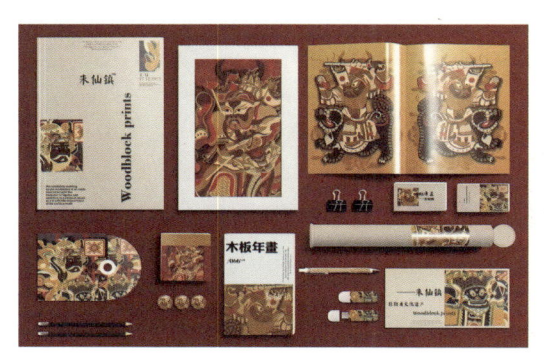

图5-24　木版年画书籍装帧

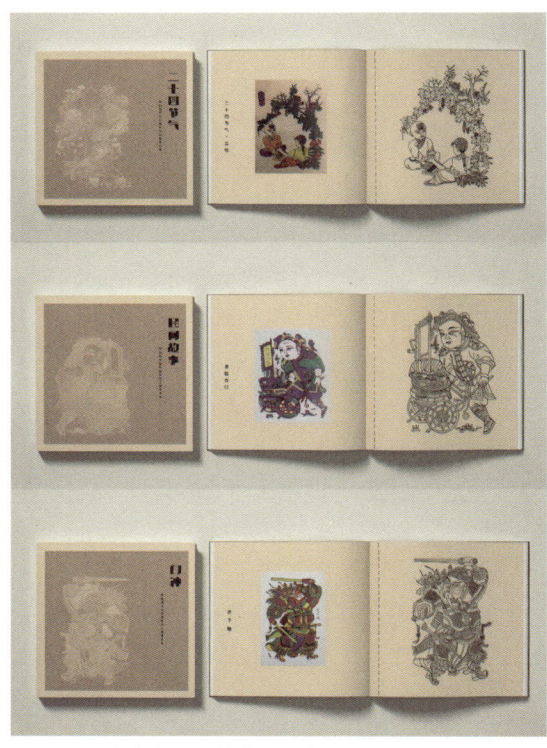

图5-25　木版年画书籍装帧　窦若丹

鬃刷等。木版年画可归纳为创作、刻版、印刷三道工序。个别还需要人工着色、敷粉、扫金、扫银、装裱等，工序繁多复杂，是一门独特的手工技艺。在画稿完成后，刻工将画稿粘贴在梨木板上，称"上样"。一般将画稿分成线版和套色版若干块。然后刻工根据画稿上的点、线、面，先后采用衬、挑、复、剔等技法刻制，达到线条流畅、图稿不走样的效果。①

雕刻这一过程特别讲究，不仅需要年画艺人有高超的手艺，还讲求悟性，这样才可以将人物的神韵展现出来。木版年画最为人所熟知的便是全部手工水色套印的印刷技术。印刷技术十分讲究，有先后次序之分。晾年画在过去叫作"晾马子"，除只印制黑色轮廓线的年画外，其余印上颜色的年画都要晾晒，每印好一种颜色都要拿到阴凉处的架子上晾晒。晾马子的关键是不能太干，太干会影响下一遍颜色的印刷。②

有的木版年画为分版分色套印，印刷时先印墨线版，然后根据画稿的色泽再分版套色。用色通常为红、绿、黄、桃红、紫和淡墨等色。无论套色版用色是否相同，印刷时都是均匀平刷，不分浓淡，但可用"环色"，即两种套色重叠形成复色，能丰富色彩的变化。在印刷过程中，印工则采用"模版"技法，使墨线版和套色版准确无误，使印刷的作品与原作不失真。最后进行装裱，一幅年画才算完工。③

三、木版年画的现代运用

1. 木版年画与插画艺术

中国插画艺术史可以说是版画发展史。其中，木版年画是第一批独立商品，是现代插画的起源之一。随着佛教文化在中国的兴起，版画的第一个功能就是"图解经文"。据史料记载，最早的插图作品是唐代的《金刚经》。随着生产力的发展，宋元时期经济发达，版画也不断兴起，在医学、地理、百科全书等书目中占有一席之地。版画的颜色由黑白变为彩色，风格也变得多样化。此时，彩色套印开始出现，刻印图书行业逐渐扩大，出现了大量不同地域、不同风格的版画，并逐渐发展为插画艺术。明清时期，由于国力衰落，中国插画艺术开始衰落。清末，欧洲石版印刷技术传入中国，很快取代了雕版印刷版刻。到革命战争时期，延安黑白木刻画对木版画发展起到了一定的推动作用。当时，木刻画不仅起到了政治宣传教育的作用，而且对木版画的振兴和民间文化的发展起到了重要的推动作用。我国插画艺术虽然历史悠久，但由于社会长期动荡，导致插画艺术发展缓慢，应用范围狭窄。直到20世纪90年代末，随着科学技术和互联网的发展，在计算机和数字技术的帮助下，中国插画艺术开始成长。④ 木版年画与插画艺术结合出现了不同版本的连环画书刊，有的是黑白稿，有的是色彩稿，内容丰富，题材多样，给儿童读物增添了色彩。插画与木版年画结合生产出多种文创产品，如钥匙扣、手机壳、美文胶、保护壳等文创产品。（图5-26~图5-30）

2. 木版年画与室内设计

"人靠衣裳马靠鞍"，于房屋而言，无论是室外设计还是室内设计，精心的装饰和装潢离不开图案元素。但是有的装饰和装潢都太过陈旧，就好像是一块模板多次运用，所呈现出

---

① 沈泓.中国雕版 年画[M].贵州：贵州教育出版社，2022：65.
② 陈英丽.朱仙镇木版年画创新发展研究[D].金华：浙江师范大学，2020：16.
③ 沈泓.中国雕版年画[M].贵州：贵州教育出版社，2022：68.
④ 张晨.河南朱仙镇木版年画与现代插画艺术相融合的再设计[D].南昌：南昌大学，2021：8-9.

第五章 | 生产到传承：内核续衍生

图 5-26　木版年画现代设计（1）　窦若丹

图 5-27　木版年画现代设计（2）　窦若丹

图 5-28　木版年画现代礼盒　窦若丹　　图 5-29　木版年画现代海报设计

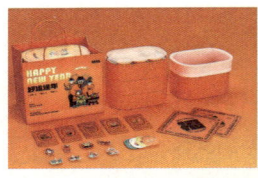

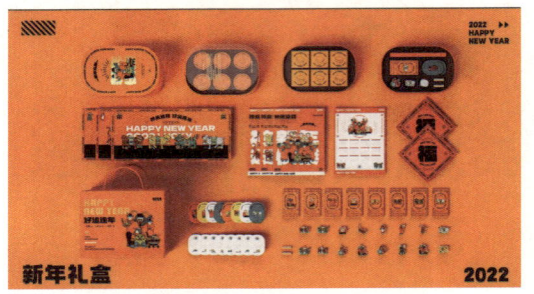

图 5-30　木版年画新年礼盒设计　郭思研

图 5-31　木版年画室内设计（1）　王子舵

来的效果没有太多的新意与特色。客户对装修设计有一定的个人要求，越来越多的装修装潢设计师开始研究新的风格。木版年画成为设计元素，从色彩搭配运用、特色符号的创新使用出发，最终打造出既有文化韵味又有小众特色的装修家居设计。现代空间设计中，地铁、文创空间、博物馆等空间会选取木版年画制作工艺作为壁画展示给观众，在让人们认识木版年画工艺的同时，宣传木版年画的文化内涵。这种方式应用在很多公共空间中，带给消费者、生产者一种愉悦感。（图 5-31~ 图 5-33）

人类早在原始社会就已经开始对居住环境进行装饰，主要以彩绘与雕刻等作为表现形式。在如今的家居室内空间中，木版年画造型元素多有应用。现代居室包括多种功能空间，在对其进行设计时，应选取合适的年画造型与色彩，结合功能空间的特征与人的心理、生理需求，采用现代材料与工艺并应用于适当的媒介中。在设计过程中，对年画以外的装饰元素也应适当选择，要起到衬托年画装饰元素和烘托气氛

图 5-32　木版年画室内设计（2）　王子舵

图 5-33　木版年画室内设计（3）　王子舵

的作用，有主有次，在各个环节有序推进、相辅相成的过程中，营造多个各具特色的现代室内空间。①这是木版年画运用到建筑室内空间的一种效果，在当今人们追求个性的过程中，木版年画装饰成为人们追捧的一种时尚符号。材质选取上有木板、大理石、水泥墙面等不同材质，因材质不同，呈现效果不同。颜色运用上，有材质固有色、黑、白等不同颜色，设计师根据空间环境进行颜色搭配，使材料与环境融为一体。

3. 木版年画与文创设计

优秀文化创意产品通过满足消费者的物质和精神文化需求，使消费者间接融入优秀的非物质文化，引导受众欣赏文化，进而推动和传播优秀的非物质文化。②木版年画文创产品在生活中成为人们常见的用品，原因是木版年画种类多、地域广、文创产品多等，但是真正优质的木版年画文创产品又非常少，所以我们需要继续开拓优质的木版年画文创产品的种类，为木版年画的传承、传播做贡献。

文创产品属于时代产物，时代特征与文创产品的内在特质决定了其发展，应遵循可持续化、品牌化、民族化、生态化等原则。目前，文创产品市场依然处于发展上升期，产品种类繁多，质量良莠不齐，还未形成规模化、秩序化的发展趋势。因此，文创设计不仅是生产行为，还是一种市场行为，在市场竞争中扮演着重要的角色。③木版年画文创产品设计，应遵循市场行为原则，根据市场需求生产优质文创产品，只有这样才能生产、创造出长销的文创产品，并形成自己独特的文创产品系列和品牌。随着现代化创新技术的不断发展，机械化生产效率的不断提高，在整个文创产品的市场中，各类产品都不断地出现"低质化"现象，越来越多的文创产品不再追求自己的特色，而是遵从市场的大批量需求，把数量作为第一要素，而不是把质量和特色作为首选。因此，市场中的文创产品大都千篇一律，互相抄袭，没有自己的独创性、特色性、地域性等。设计师、传承人慢慢地也注意到文创产品所缺失的东西，不断地将情感、文化、时尚、特色、地域等融合在一起。木版年画这类非遗也就成为设计者们设计文化产品的元素首选，使得顺应时代又不缺内涵的文化产品应运而生。（图5-34）

（1）木版年画主题填色本

视觉体验是人最为直接的体验方式。在市场中人们所能看到的文创产品，大多是较为直观的文化符号形成的文创产品，比如将文化符号生成某种形象后直接填色，形成不同颜色的符号形象，本质没有变化，这只是浅层的色彩应用。多数文创产品都是直接将文化符号印在相关的物品上，而且大多以纪念品的形式存在，这是简单的符号挪移，并没有从实质上进行创意设计。挪移吸引的消费者大多是因为好奇而购买，没有实质性地达到传播和传承文化的目

图 5-34 木版年画包装设计

---

① 王子舵，邓莉丽.桃花坞木版年画造型元素在现代室内设计中的应用[J].包装工程，2021，42（4）：288-289.
② 窦若丹.朱仙镇木版年画文创产品设计研究[D].贵阳：贵州师范大学，2022：67.
③ 顾正道.老河口木版年画文创产品品牌形象设计与应用研究[D].武汉：湖北美术学院，2021：15.

的。木版年画运用到文创中的挪移方法虽然受到了欢迎，但是时间长了，自然使人有一种反感或排斥之意。

木版年画主题填色本是利用人的视觉感官增强体验感，将视觉体验与审美、文化相结合，使其融为一体，以实用、美观、参与性高吸引更多消费者，为文化产品塑造良好形象。它把不同地区的年画做成绘本，选取经典人物、动物、寓言故事等题材汇集成册，每一册24张作品，有单独文字解说、时间日历等内容。颜色采用木版年画传统色彩来填充，最终作品可以是书签、装饰画等文创作品，可以作为礼物送人或自己收藏。木版年画主题填色本的颜色材质选取上可以是水彩、彩铅、油画棒等，不同材质会产生不同的艺术性，作品会出现不同的艺术效果，而不是打造中看不中用的"绣花枕头"。

木版年画主题填色本就是将消费者的心理需求与文化内涵相结合，传统与现代需求完美融合，利用现代科技数字化提取的方式将传统元素运用到现代文创产品中，创作出独立的文创产品。填色本就是将传统木版年画中丰富的人物形象与故事元素提取出来，用线稿绘制出来，做成系列的文创主题填色本，让更多的人通过填色的方式体会到木版年画的魅力。木版年画可以借用数字化提取方式把图案形象放置到不同型号的木板上，形象线描稿有木版年画"母版"感，人们在上面填充颜色，自己印刷年画作品，从而获得沉浸式体验，这样的填充绘本也有一定的意义。

（2）木版年画主题丝巾

实用性是消费者购买文创产品考虑的首要问题之一，所以在文创产品的设计过程中，设计师最先考虑的就是产品的实用性。随着现代化进程不断推进，人们的生活水平和消费观念都发生了翻天覆地的变化，生活上的装饰性、仪式感越来越强。丝巾装饰逐渐走进女性视野，越来越多的人把丝巾当作生活中的日用品，也有人把其当作不可缺少的配饰。同时，丝巾的佩戴方式不再是传统单一的佩戴方式，已逐渐变得多样化。丝巾的装饰不仅在身体上发生，也被运用于家饰软装上。除此之外，丝巾的内容也已经不是单一的色彩、简单的图案，可以是一幅有诗意的木版年画，一张有特色的故事画或一幅创新的人文插画。木版年画中具有特色的文化图案和形状，通过数字化的手段融入丝巾中，既可以达到传承传统文化的目的，又可以通过设计手段将木版年画的文化内涵进行传承与传播。

丝巾的消费者大多为女性，也有部分男性将其作为西装口袋的装饰方巾。在面向不同年龄阶段的女性群体时，要考虑其性格和审美的不同会使其在喜好方面有所差异，所以在丝巾的设计中要全面考虑消费者的需求，设计较为传统的、时尚的、文化的等成熟女性追求的目标。消费需求的不同促成了产品设计的多样性，一个文创产品要想在市场中站稳脚跟，得到更多的人青睐，就需要有自己的特色和文化内涵。木版年画丝巾是将图案与丝巾合二为一，形成独特的印染效果，让消费者通过图案去了解其文化内涵，丝巾也成为宣传木版年画的载体之一。（图5-35）

（3）木版年画主题红包

春节作为中华民族最为盛大庄重的节日，其形成与发展历经了悠久的历史过程。春节代表新旧岁的循环交替，寓意辞旧迎新，按照中国传统风俗，一般持续至正月十五。

古代中国以农业立国，春节的来源与古代的农业活动是休戚相关的。春节又称作"年"，古时人们将谷物的整个生长周期称作"年"，成了一个代表时间长度的单位。"年"字最早是一个背负着成熟的禾的人像，旨在表明人们

图 5-35　木版年画丝巾设计　窦若丹

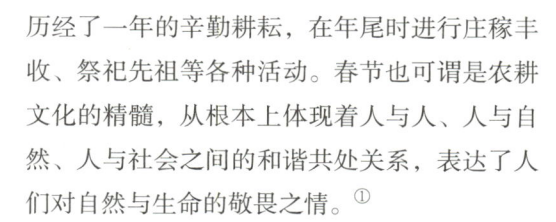

历经了一年的辛勤耕耘，在年尾时进行庄稼丰收、祭祀先祖等各种活动。春节也可谓是农耕文化的精髓，从根本上体现着人与人、人与自然、人与社会之间的和谐共处关系，表达了人们对自然与生命的敬畏之情。①

春节是我国重要的传统节日之一，同时，作为节日之首的它有着十分丰富的内涵。春节是一年中最热闹的时间，也是最具有商业价值的一段时间，因为其特殊的文化内涵，在此期间人们会购买很多节庆物品，备置许多年货，通过这类方式来增强人们的幸福感和满足感。

以"春节"为主题的春节系列文创产品备受人们的喜爱，以红包为例，红包在春节这一节日中有着重要的使命。它承载着长辈对晚辈

① 张颖.基于移情理论的春节文创产品设计研究[D].南京：南京理工大学，2021：4.

的爱,承载着新年的美好祝福,同时它的受众范围十分广泛,老少皆宜。生活需要仪式感,春节自然更需要仪式感,"压岁钱"是较有仪式感的部分,在这一情感背景下,红包的需求量在春节期间倍增,木版年画主题红包便应运而生。传统的红包太过单一,色彩还是存在于"红"的印象之中。木版年画主题红包沿用了红色作为主体色,但是将木版年画中的十二生肖主题与红包联系起来,把生肖的图案作为主题元素,既达到了弘扬传统文化、传播木版年画的目的,又迎合了大众口味、顺应了时代发展,生产出更符合当代人审美且实用的文化创意产品。

非物质文化遗产再创意

第六章 传统到现代：诗意与美学

第一节　相关概念
第二节　观念的技艺与现代记忆的碰撞
第三节　创意运用：跨界合作触发传统中的现代主义
第四节　案例分析：二十四节气——抽象概念到现实生活的诗与美

第一节 相关概念

一、传统文化与现代

传统文化是指某种文明演化而汇集成的反映民族特质和风貌的民族文化，是民族历史上各种思想文化、观念形态的总体表现。传统文化包括一个民族历代相传的价值观、认识论、方法体系、生活方式、思维习惯等，是结构较为完整的精神体系。中华民族由56个民族构成，各民族有着自己特有的文化习性，也有着共同的传统文化，如春节、中秋节、端午节等文化活动，这些都是传统文化的体现。一个民族的传统，一个民族的文化传统，就是这个民族的自我意识。[①]（图6-1）

在对传统文化的总体把握上必须认识到，我国以人本主义为特征的传统文化作为历史上的文化遗产，在时代性和阶级性上必然与现代社会和现代化进程存在着矛盾与冲突。传统文化中的某些内容对现代化进程有阻碍作用，现代化总是要摈弃传统文化的不适应成分。但是，传统文化不等于历史文化，我们站在现代化过程中所说的传统文化，实际上已包含了近现代文化变革中形成的文化因素。传统文化不是凝固不变的、僵死的，而是把前人的文化创造保存下来，传承给我们，影响我们。它包括古代的文化，也包括近代以至现代的被社会认同的文化；它包括本土文化，也包括被吸收消化了的异地文化。正如黑格尔所说，传统文化并不是一尊不动的石像，而是生命洋溢的，有如一道洪流，离开它的源头愈远，它就膨胀得越大。[②]传统文化与现代化不是互不相容的对立物，也不是一成不变的，它可以改造、可以更新。随着时代的发展，它会有不同的内容，起到不同的历史作用。

传统文化不是凝固了的异己物，它是在发展中得以流传的。每一代人在作为文化创造者时，总是从已有的传统文化出发，通过社会实践活动使传统文化得到扬弃：一方面使传统文化转化为自己现实生活的一部分，另一方面使传统文化得到改造并提高到更高的水平。在这个过程中，传统文化吸纳了新的成分，丰富了

图6-1 传统技艺的现代装饰运用（1）

[①] 唐凯麟. 传统文化的概念、要素、功能及与社会主义核心价值观的关系 [J]. 道德与文明，2014（4）：7.
[②] 段铮. 全面把握现代化与传统文化的实质含义 [J]. 周口师范高等专科学校学报，1999（4）：65.

自己的内涵而不断向前发展。传统文化之所以能成为传统文化，正是由于它具有能够不断更新、丰富、完善，随着社会的发展不断适应新时代的这种属性。在这种不断更新、丰富、完善的过程中，传统文化摒弃了消极落后的成分，积淀了优秀的文明成果，实现了与现代化的互相适应、协调和促进。①（图6-2）

图6-2 传统技艺的现代装饰运用（2）

在全球化的今天，不同文化的接触、碰撞和融合已不可避免。这使得世界各国文化间的交流变得方便、快捷，但同时也使得各国的传统文化更新之路变得更复杂、更曲折。外来文化的冲击对于中国传统文化来说，既是一种机遇，也是一种严峻的挑战。如何保护好、传承好、传播好我们的传统文化，成为一个严肃的课题。我们必须既反对"全盘西化"论，也反对"保存国粹"论；必须深刻领会"古为今用""洋为中用"的指导原则，走一条延伸、更新、丰富且适合中国文化的传统文化之路，开创具有自己民族特色的现代化模式。

二、现代主义设计

现代主义设计，通常被称为"功能主义设计"，又被称为"技术美""机器艺术"，是人类设计史上最重要的、最具影响力的设计发展阶段之一。现代主义设计是从建筑设计发展起来的，20世纪20年代前后，欧洲一批先进的设计家、建筑家形成一个强力集团，推动所谓的新设计运动，主张设计要适应现代化大生产和生活的需要，运用新技术、新材料进行设计，提出艺术与科技相结合的机器美学，反对因袭传统，厌恶附加装饰，强调功能主义，提倡用科学、客观、理性的精神进行设计。现代主义设计作品的实用性、功能性能提高了社会发展水平，美化了生活空间，改善了人民的生活品质，表现出强烈的民族主义和理想主义精神。现代主义设计对非遗传承产生了巨大的影响，非遗技艺在现代主义设计中展现的快捷、高效、生动等优点引起了越来越多设计师与艺术家群体的关注。

学者王受之在《世界现代设计史》中提到，许多现代主义设计者，从德国的贝伦斯、格罗佩斯到美国的密斯·凡·德·罗、赖特，法国的柯布西耶等，都以重视功能、造型简洁、反对多余装饰、奉行"少即是多"的原则作为自己设计和创作的依据。现代主义思潮是萌生于20世纪初新艺术运动后的一种文艺流派总称，经过一系列探索后由包豪斯引入设计领域，开启现代主义设计的新篇章。

现代主义设计思潮在多样且复杂的非物质要素中，经过不断完善、发展，逐步多元化，新型设计思潮和设计风格的出现也不断改变着

---

① 段铮.全面把握现代化与传统文化的实质含义[J].周口师范高等专科学校学报，1999（4）：65

主流的思维倾向和价值取向，并潜移默化地影响着人们的设计行为和生活方式。①（图6-3）

现代主义设计在全世界范围内有着通用性的表现。在当今社会，人们的交流方式基本分为两种：一是人与人之间通过语言和肢体动作直接交流；二是人与人通过大量普遍的标志、广告、图解和通用产品进行交流，这种是比较普遍的，如：全世界的国际机场的公共空间的设计使用说明都是比较接近的；全世界的电脑视窗、电脑键盘也基本统一化；所有软饮的外包装设计和开口方式也基本统一等。这些都充分地体现了设计在促进交流方面的巨大作用。正是因为设计的作用才使得世界越来越"小"，人们的交流越来越容易和方便，从而也促使"地球村"概念应运而生。②徐冰教授做过一件作品，是一部没有任何文字的专著，内容全部是由世界上不同国家的标志符号构成，每位读者阅读后，产生的理解都不同。读者阅读本书的过程就是认识世界、阅读世界的过程。（图6-4）这种标志性符号文字，是徐冰教授进行的设计创作，产生出一种"概念作品"，让人们重新审视世界。

现代主义思想产生的三个基本因素：一是对于传统的否定态度，它否认以往设计只针对王权、教会、贵族服务的形式，对于传统的理念和工作方式有很大程度的否定；二是强调设计应有强烈的时代感，每件设计作品都能够体现出强烈的时代精神；三是设计服务对象思维方式的改变，现代设计的服务对象的改变也决定了其思维方式的大的扭转，设计不再以奢华、矫揉造作作为审美的标准，而转向了实用性和大方美观的审美趋势。③现代主义设计的审美，根据不同属性，产生不同美学，如工业设计和建筑设计因为同工程技术相关就会比较倾向于工科门类，而美学体系追求的是"技术美"，美学呈现效果也和平面设计、室内设计、广告设计等美学理念有差异性，它们就应该倾向于文科生的特点，美学体系追求的是"美感论"。美术作品是单纯的艺术创作的产物，是艺术家自我情感的符号化表现过程，而设计门类更多地表现在为他人服务的创作设计过程。大多数的艺术家是为自己创作，设计师是为他人、社会、市场等设计，两者服务对象不同、创作目

图6-3 含非遗元素的行李箱

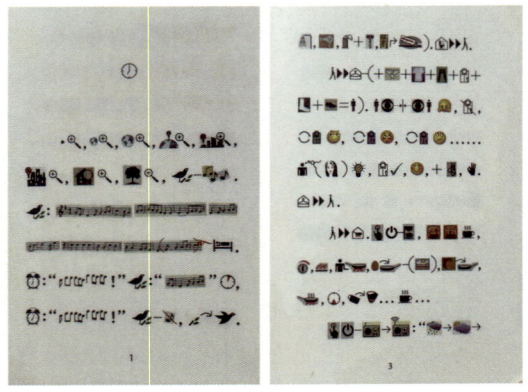

图6-4 徐冰2012年出版《地书：从点到点》（书中全是图像符号）

---

① 陆诗雨，沈航，王锡凯.现代主义设计思潮影响下国潮家具的表现与发展趋势展望[J].西部皮革，2022，44（9）：124.
② 周靓.浅议现代设计及其发展趋势[J].新西部，2007（14）：154.
③ 周靓.浅议现代设计及其发展趋势[J].新西部，2007（14）：154.

的不同、产生的艺术性会有差异，在归属性上有一定的区别。

现代设计的未来发展趋势，遵循设计师们探索的"否定之否定"发展规律。不少设计师急功近利地想了解什么是目前最新最时尚的设计方法。笔者认为从发展史的角度看，这种做法是"见木不见林"的，一味地追求形式，不了解发展的脉络，只是对设计断章取义、一知半解是不可取的。设计从某个角度来看是一把双刃剑，在建设的同时也在破坏，往往出现了许多"建设性破坏"和"发展性倒退"的可悲局面。因此，只有全面地认知整个设计史的发展、演变过程，才能判断出自己的行为是否是准确的，只有"继往"才能够开来，一个忘却了自己的民族和国家的人不可能成为一个称职的设计师。在时代发展中，应考虑多方要素，设计出有文化性、实用性、功能性、审美性等特点的设计作品。由现代主义开始，又回到具有相同内涵、不同细节的新现代主义设计的发展过程，基本符合哲学辩证法的"否定之否定"规律。现代设计具有创新性的特点，其发展历程是一个不断提高、向前发展的过程。设计的进步离不开现代设计的创新性特点，传统文化的创新与现代设计相融合，成为时代追求的"潮流符号"。

三、现代需求

"现代"是个舶来词，今天普遍公认的"现代"是指18世纪启蒙主义运动兴起以后的历史时期。从字面意思理解"现代"含义，现代是指现在或最近的时代；从思想观念层面理解现代是指一种新的时间意识，或者说历史观。需求是指由需要而产生的要求，在经济学上指消费者购买商品或劳务的欲望和能力。在市场经济中，人的欲望和需求，都是通过货币来实现和体现的。

现代需求是指随着科技与生产力的不断发展，社会生活水平的不断提高，人类的物质需求与精神需求有了更高的要求。从人类生产力的发展中可以看到，人类在不断追求物质需求的同时，并不缺少精神追求，两者是共同进步、共同发展的。物质需求与精神需求在现代设计中都有体现，如家具的设计，设计师对形体的设计追求完美。审美意蕴的产生并不是设计出来就能呈现，材质不同产生的意蕴也不同，如同样是木质材料，用黄花梨与梧桐木做出的家具，产生的意蕴效果肯定不同。

随着人们生活水平的提高，对生活品质的要求也就越高，物质与精神同在，非遗创意再设计成为必然产物。在过去，非遗简单满足一项人们的需求就可以，但是现在不同，要满足多项需求方可得到大众认可。非遗在物质和精神两方面都融入现代需求才能有活力，只有这样才能保证非遗传承与传播的发展，单纯地呈现精神世界追求是无法满足人们的现代需求的，因此，现代设计师应在设计中注入更多人们需要的功能、文化、娱乐、体验等相关元素，才能真正让非遗在现代空间中成长、开花、结果。（图6-5）

图6-5 蜡染元素的装饰运用

四、非遗美学

非物质文化遗产是人类历史上创造并以活态形式原汁原味传承至今的，具有各种重要价值的表演艺术类、工艺技术类、节日仪式类等传统文化事项。非物质文化遗产的内容是依附、蕴含在文字记载和物质遗迹内部的精神内涵，主要是特定文化群体通过民间口口相传、实践和习俗传承的感知、体验与叙述等活态审美经验。以活态方式传承的民间审美文化具有不同于经典艺术和美学的特殊美学形态、内涵和价值，因而需要建设基于活态传承的非遗美学。①

非遗的审美特质在于它体现的是民间文化的美学力量，是集体记忆与审美思潮的内在生命力生生不息的表现。非遗美学的审美创意来自不同历史文化背景的文化群体各具特色的文化生产，表达的是文化多样性的价值。这种文化多样性创造的意义在于唤醒当代全球不同文化背景的文化群体自身的集体记忆与情感认同，不同文化之间通过交互镜像化的自我反省和批判寻求文化互享的交互主体性。②非遗美学的审美有共同记忆的特点，这在别的美学审美中是很难找到的。如一幅画，它可能是创作者个人的记忆，或是对美好未来的憧憬，画的内容并不是族群、集体等共同记忆的再现，所以不存在共同记忆之说。情感认同在非遗审美中有，在艺术审美中也存在，是对作品内容的情感认同，这与创作者能在情感上达成共同性，所以两者的审美有认同性。

非遗作品中的审美，追求设计美学、艺术美学等要素。设计美学是把美学的核心放到人类设计活动中，将其框架构建在科学技术和艺术相结合的设计层面上，指导设计活动向审美化方向发展。设计离不开"人"与"生活"，非遗最大特点也是不脱离民族特殊的生活生产方式。无论"设计"还是"非遗"都应见人、见物、见生活。③艺术美学是在主体性提升的过程中将其从本体论拓展到认识论，走向主客间性，注重在主体心理的参照下研究艺术形式。在非遗中，设计美学、艺术美学经常同时存在，如苗族刺绣，在刺绣过程中追求设计美学，理性分割画面，有构图形象完整性、艺术符号对称性等设计美学特点，在色彩表达、针绣形式上又追求艺术美学，表达自由随性、任意发挥的艺术特点。

高小康提出：美学传统的发生是对传统文化遗产的美学建构。简单地说，就是通过经典化与观念化形塑起主流文化的美学精神、品位与价值体系。④高小康从另一个视角讲到非遗美学建构与美学传统不可分离，强调非遗审美的精神美学。非遗是人类诗意生存中不可或缺的珍贵财富，其极高的审美价值意味着它在未来中国精神文明的建设中有着不可忽视的作用。⑤

非遗审美的研究从来没有间断过，但是当今"地球村"阶段更需要我们与时俱进，在非遗审美上满足人们的现代需要，创作出更好的非遗产品。

---

① 高小康.非遗美学：传承、创意与互享[J].社会科学辑刊，2019（1）：177.
② 高小康.非遗美学：传承、创意与互享[J].社会科学辑刊，2019（1）：177-183.
③ 容婷,雷甜.设计美学：非遗瑶绣的传承与创新的新视角[J].西部皮革，2022,44（7）：43.
④ 高小康.非物质文化遗产：从历史到美学[J].江苏社会科学，2020（5）：156.
⑤ 丁永祥.当代美学视野中的非物质文化遗产[J].中州学刊，2011（3）：238.

第二节 | 观念的技艺与现代记忆的碰撞

非遗的文化根基，决定了非遗是一种按照传统经验、习惯和模式进行生产、演绎的日常生活实践活动，也决定了非遗天然带有地域性、封闭性、稳定性的发展与传播特点。非遗置身于现代社会，可概括为传统与现代的对抗，传统功能与现代需求之间的矛盾。但非遗与现代技术的结合，成为非遗发展的必然趋势，是将非遗符号的意义生产与意义叙事移植到新的载体上，形成特定文化产品或服务。非遗作为文化产品，需要与时俱进，跟上时代步伐，在技术、思想、形式等方面更新换代，实现传统到现代的过渡。在现实产品的呈现中，将人们向往的诗意与美学需求以复合式的方式表达出来。

一、传统技艺与现代科技融合

专业的非遗传承人及手工艺人和相关领域的科研人员可以形成合作模式，将传统技艺与现代科技进行有机融合，充分利用现代先进科技探索传统技艺在新时代的创意传承与创新发展模式，实现小众非遗美学到大众文化生活的领域转变。这就需要创意者、科研团队和相关非遗从业人员首先打破传统思想壁垒，将非遗置于现代生活中进行考量，不仅有利于非遗活态化传承发展，也有助于现代科技走向传统，促进现代科技与传统文化的融合，推动传统文化科技化、科学技术生活化的良性发展。如中国造纸史专家王菊华通过大量纤维仪测试分析和科学实验研究，出版了专著《中国造纸原料纤维特性及显微图谱》，系统性地构建了手工造纸原料纤维类型、特性和形态研究的知识图谱，填补了手工纸原料纤维层面基础研究的空白，在造纸纤维分析和纤维显微仪研发方面做出了巨大贡献。

此外，提升非遗产品的质量体系也是传统形式与现代科技融合的重要目的。非遗多以自然主义或者经验主义为基础，通过口口相传、亲身展示等形式进行传承，对产品的呈现形式、质量等的把控主要依赖于制作者、参与者的感官经验和直觉判断。非遗生产重复性的动作上演无数次、延续数百年，已成为非遗文化精神内核所在，但在产品质量标准性、稳定性等方面依旧有所欠缺。如云南傣纸技艺，捶打纸浆和浇纸是两个核心环节，但由于捶打力度、浇纸的专业技能和熟练程度不同，作业人员对纸浆浓度、均匀度及厚度等的判断会有些许差异，这在一定程度上直接影响了纸张的质量和消费者的使用体验。而传统古法造纸的功能及用途已不能满足现代生活的需求，所以，生产多样化、多用途的纸张成为亟待解决的现实问题。因此，构建质量评估标准体系至关重要。

传统非遗产品与现代传播手段融合。本雅明曾说："在漫长的历史长河中，人类的感性认识方式是随着人类群体的整个生活方式的改变而改变的。"[①] 现代传播技术的运用在极大程度上决定了产品的受众面和消费者的认知度，所以在传统非遗产品传播营销方面，可创新运用现代技术手段对产品进行包装运营，拓展非遗产品经营渠道，为营造富有现代气息的传统产品提供技术加持。妥善利用3D、VR、Flash动画等现代科技拓展传播载体形式，弥

---

① 瓦尔特·本雅明.机械复制时代的艺术作品[M].王才勇,译.北京：中国城市出版社,2002：12.

补受众因时空限制而造成的在场性"缺失",力求营造传统与科技在现代生活中的文化元素呈现与"适时"的美学诗意。现代传播技术之于非遗传承创新充满机遇,多元形态不断融合发展成为主流,依托现代科技将非遗传统元素与影视、动漫、传媒等结合受益颇多,如非遗元素与动漫、游戏结合,可以将受众注意力从纯粹的动漫情节、非遗科普等部分转移到非遗的元素运用和日常生活化展示等方面,以动漫、游戏为载体对非遗进行"改造",利用载体的影响力制作、销售非遗动漫化、游戏化等的相关产品,以此达到传统技艺与现代科技的融合。(图6-6)

二、非遗元素与现代理念结合

非遗产品与时代的脱节,成为非遗日益式微的主要原因。就非遗创意产品而言,其创造了人们对生活美的向往,满足了人们精神层面需求,体现了现代生活中特有的或所亟须的审美意趣。非遗通过富有象征意味的造型符号和色彩搭配等,体现其所承载的丰厚底蕴、丰富形式和现代生活理念下的文化审美。非遗元素与现代理念结合,需要文创人员扮演传统技艺与现代市场的黏合剂,结合当代生活语境、市场趋势等进行综合考虑设计,打破学科之间的壁垒,将非遗与现代有机结合,将文化呈现与产品叙事有机结合,将文化氛围与产品体验有机结合,将传统非遗真正融入现代生活,激发非遗传承创新的现实价值。(图6-7)

理念通常指思想,亦指表象或是客观事物在人脑中留下的概括的形象,是一种思维活动的结果,影响着我们的认知与活动。理念在设计活动中起着主导作用,设计过程中的理念固化将直接影响作品最终的形式、风格、功能等要素的呈现,从而给人留下刻板的印象。从文创设计的视角来看,非遗创造性的转化与创新性的发展需要摆脱传统理念的限制,天马行空地去探寻更多的发展路径。现代理念的植入,根本而言是对具体事物在观念上进行多维度解构。邬炎烈在《解构主义设计》一书中提到,所谓解构,来源于法国哲学家德里达从语言学研究中提出来的解构主义哲学,主张自由与活力,反对秩序与僵化、强调多元化的差异、反对一元中心和二元对立,进而反对权威、反对对理性的崇拜。传统非遗项目大多来源于生活,融入特定地域、时代、生活等,结合创作人的抽象思维加工才得以形成有形或无形的产品。对于大部分现代受众而言,非遗即传统,原生

图6-6 传统技艺与现代科技结合

图6-7 传统蜡染与现代装置结合

态是非遗不可忽略的标签，原汁原味才是非遗应有的完美呈现。非遗传承人在长期耳濡目染的学习、创作环境中，非遗技艺思维早已固化，难以跳出原有思维以实现非遗的创新性发展。对于文创人员来说，要想打破禁锢，必须首先从理论层面对非遗文化内涵进行深入了解，回归本质，对传统非遗进行观念上的解构。在解构主义视角下，反对刻板、主张自由与活力和反对单一、主张多元化成为人们现实生活的"不言而喻"。所以非遗所呈现出来的特定物与形，成了设计者、潜在消费者需要打破的"秩序"，将其进行重新排列组合，结合现代理念和设计要素，可实现非遗衍生品解构重塑。

设计理念的创新与转变，可以通过对物质载体形态与功能的重构来实现。对于传统非遗技艺来说，可以从解构的视角出发，对材料、工艺、色彩、图案等基本要素进行重新解读，通过对元素的打破与重组，寻找新的切入口，从传统元素的排列组合中探索新的发展方向，

使文化得以传承与延续。如杭州市余杭区的融设计图书馆以来自全国各地的手工艺材料与技艺为核心，通过细致的分类、保存、解构，引导设计师回归技艺与材料的本质进行研究与创作。基于这一理念，张雷团队对余杭传统油纸伞制作技艺进行了解构与创新，创作了作品《旋》，寓意自由、不羁、热爱生命，在坚韧的外表下散发温柔、优雅的情怀。（图6-8）在探索油纸伞骨架制作工艺的时候，团队利用竹子长纤维的特性进行制作，以极致细丝打造了作品《无》。（图6-9）此外，团队基于油纸伞皮纸的韧性和触感细腻的特点，用模具将纸一层层糊成了椅子，在特定工艺的加持下，纸椅《飘》具备了不亚于实木椅的支撑力与牢固度。（图6-10）通过一系列的创意设计，众多非遗技艺在现代设计领域焕发了新的光彩，展现了融设计图书馆独特的艺术美感。（图6-11）

图6-8 《旋》

图6-9 《无》

图6-10 纸椅《飘》

图6-11 融设计图书馆

三、非遗审美与现代诗意契合

非遗的审美与现实功能体现了深厚的历史文化底蕴和多彩的民俗风情。现代人们的生活越来越多样化、精细化,对市场要求呈现越发苛刻的趋势,但是对美的追求,对诗意生活的向往始终如一。审美与诗意,可以满足人们在现代生活的科技感与快节奏中所需的"心之向往"。但由于非遗的发展未跟上现代节奏,导致质朴、高雅的非遗审美与诗意离我们越来越远,所以,为了发挥非遗审美与诗意融合的珍贵价值,应在非遗创意设计过程中探索产品功能性与审美性相结合的现代诗意凸显问题。在非遗审美引领与展示方面,不能原封不动地继承传统纹饰、样式、材质、韵律等,应结合现代审美观念和审美需求将二者进行有机整合,抽取非遗元素与具体审美需求进行创作。但是不能因审美而忽略产品的功能性,现代诗意需要审美,更需要在功能上体现审美,只有平衡了非遗创意产品的功能性与审美性,满足消费者的购买需求,非遗才能在现代市场提升自身价值,进而脱颖而出,以便更大范围地传递非遗中的审美价值、工匠精神、传统风貌等。

2018年主题为"非遗办公物语"的上海非遗文创设计大赛,将非遗元素融入当代办公用品,渲染具有中国特色的办公空间。通过设计延续传统文化的生命力,在尊重非遗真实性、整体性和传承性的前提下进行挖掘与整理,或溯古,或创新,共同打造中国式的生活美学。举办比赛的目的在于使非遗艺术的审美性与现代产品的功能性结合,从而可以在生活中潜移默化地传播非遗文化。如结合江南土布灵秀质朴、独特细腻的织布纹样,寻觅江南土布纹样中的美,在细节中为办公空间增加了江南韵味,办公用品经纬交织,转化为现代设计元素,也可以充满美感。(图6-12)杆秤这门传统手艺与物质生活、精神生活有着紧密的关系,"秤"谐音"称",取"秤心如意"之名,表示吉祥如意,是吉祥物,亦是收藏品。将秤杆与日常所用盘香组合,既具功能性,又具艺术审美,表达出"一秤一如意,一香一禅心"的吉祥、和谐的生活意境,更能体现现代人在紧张的快节奏生活中所追求的诗意慢生活的诉求,一定程度上扩宽了非遗的传播渠道。(图6-13)

图6-12 江南土布纹样美的现代办公用品[①]

图6-13 《称心如意》盘香架

---

① 图片来源:"非遗办公物语"2018上海非遗文创设计大赛获奖作品。

第三节 | 创意运用：跨界合作触发传统中的现代主义

一、家居遇上现代民宿

民宿在中国的历史可以追溯到改革开放以后，地方经济水平开始上升，人们的需求发生了转变，审美水平不断提高，不断追求生活质量和文化精神，民宿也应运而生。名胜古迹和著名的风景区转化为闲置老屋，创造出更有经济价值的民宿，供游客们体验消费。随着非遗传承保护工作的大力推进和产业融合的快速发展，不少民宿纷纷考虑将本土非遗文化与民宿主题相结合，打造具有本土特色和文化内涵的现代化民宿。此类民宿不仅在房屋装饰、物件陈列上体现非遗元素，更是将非遗与自然环境融合，体现文化与自然和谐之美、建筑与环境共生之美、生活与观念协调之美。非遗与民俗结合，直观体现乡愁之内核，现代时尚之潮流，满足现代生活休闲娱乐、静享生活等需求，引领文化旅游走向新方向，将民俗产业推上新高度。

随着人们旅游方向和模式的改变，人们的选择不再局限于去传统的景区看一看，更是拓展为去有"风"的地方停一停，所以休闲旅游的发展方向不断向乡村进发，逐渐返璞归真，回到最干净、最质朴的地方，去享受这繁忙生活中难得的小憩。例如，南京老门东的"花迹行旅"民宿，它坐落于南京的老东门明清建筑与老宅群内，其独特的地理位置，为创建特有的民宿风格建立了基础。南京非遗民宿是南京历史文化的生动体现，本土特色民宿在设计上最大限度地保留了原有古村落的文化景观与空间布局特征，依托底蕴深厚的南京建筑文化，打造有特色的民宿品牌符号。（图6-14、图6-15）

民宿的普遍特点是文化符号开始上墙，室内环境营造上出现有温度、有符号、有主题的特点，用文化和符号去体现自己的主题风格，让民宿价值更有文化，从而创造文化经济。在地方相关政策、设计师的助推下，非遗文化成了民宿室内装修的首选，非遗涵盖的相关项目具有一定的实用性、艺术性、经济性等，更是充满地方文化的符号。如把编织技艺运用到民宿内饰中，其吸引旅客的亮点便是"非遗就是生活"。竹编是由竹子制作，把鲜活的竹子移栽到花盆里放置到客房中，形成"动与静""生与死"的对比，让客房文化更有哲理性。非遗在生活中传承，在运用中产生新价值，如蜡染、剪纸、年画、陶瓷等都可运用到民宿的室内装

图6-14 特色民宿（图片来源：花迹行旅官网）

图6-15 特色民宿（图片来源：花迹行旅官网）

饰中，它们都可作为民宿文化符号吸引游客，使民宿更有温度、更接地气。

要想打造以非遗文化为主题的民宿室内空间，需要实现非遗文化的全方位、全过程融入。功能家具作为室内空间的重要组成部分，在满足居住者使用需求的同时，也发挥着室内装饰作用。因此，非遗文化在室内家具中的融入十分必要，可以借助家具造型、色彩、纹样等载体来实现非遗文化的渗透性传递。（图6-16）从家具造型方面看，设计师需要注重非遗文化和实用家具的契合性，选取独特的非遗文化造型元素来赋能室内家具，以此来增强室内空间中非遗文化的表现力和艺术感染力。[①]（图6-17）

二、插画的跨界融合

传统插画运用比较单一，多是书籍中的插图，如《本草纲目》中的药材记录（图6-18），《山海经》中的形象符号（图6-19），《芥子园画谱》中的主体图谱（图6-20），在文中加入插图可以让读者更好地理解文章内容或创作规律等。这种方式不仅可以作为文字的补充，也能更直观地让没见过草药的人直接在脑海中出现具体的图像记忆，深化文字的传达。在志怪小说中的插画可以帮助读者想象文中所提到的神兽或人物，有助于读者的理解，也使得读者阅读起来更为轻松、更有画面感，使得书本知识更具吸引力。传统的插画元素不是那么的多元，没有复杂的线条，更没有鲜艳的色泽，这使得它的作用极为明显。简单的几笔就能表现出文字所想表达的意思，为人们的生活提供了很大的便利。它的存在起着指正方向的作用，推动了人类文明的进步，也是我们能具体地了解过去事物的依据。

插画同传统绘画、音乐一样，是世界性的通用艺术语言。在信息化高度发达的今天，插

图6-16　室内装潢家具中的非遗编织技艺

图6-17　家具中的非遗编织技艺细节

图6-18　《本草纲目》插图

图6-19　《山海经》插图

图6-20　《芥子园画谱》插图

---

① 梁梦雯.非遗文化融入主题性民宿设计的策略研究[J].天工，2022（27）：61.

画被当作一种现代的设计语言广泛应用于设计的各个领域和不同层面。插画在现代生活中的运用无处不在，商品的宣传单、饮品的包装设计、海报设计等都会运用插画元素。插画师不断地洞察当今人们的审美思维，根据不同故事，创作出更多优秀的插画作品。插画文化的传承离不开与时俱进，将现代科技与插画技艺融合是传承方式中较为当代人接受的手法之一。

随着文化消费和娱乐消费时代的到来，人们购买商品时更多地由"感性化"向"理性化"转变，由"实用性"向"审美性"转变，更多是追求"精神需求性"的溯源。产品包装运用插画符号进行设计，做到形式与功能的和谐统一，这为包装设计元素增加了文化符号，能够切实符合现代消费者的隐性需求。产品包装设计在现代品牌设计中的重要性日益凸显，将插画与现代感和时尚性融合，设计出的插画设计作品更能吸引人们的眼球。创意插画包装设计能够在众多的品牌产品中，优先让消费者感受到特有的插画文化符号，大大增加了该产品的售卖率。在非遗文创品牌的包装设计中，要提取非遗元素，结合符号、颜色等语言，选取恰当的表现手法与表现形式进行再创作与再设计，并应用于包装设计中，形成独立的设计理念。非遗文化大多是传统文化、世俗生活等文化现象，是劳动人民的审美、智慧、技能、情感的多重糅合与集中体现。设计者选取其中的一个点，通过深入挖掘并提取相关元素与视觉形象，进行有序的编排、重建、叠压等，将其合理有序地布局在画面中，注重主次关系和设计审美的特点，将插画符号与设计主题相融合，并通过合适的风格进行创作表现。设计元素充分地融入地域特色、传统文化元素、符号精神内涵，创作出符合现代审美的插画包装作品，并准确地突出品牌形象，传达品牌内涵，升华品牌意境。（图6-21）

图6-21　非遗与现代插画　月出狸

插画在非遗冠山连翘茶包装设计中的运用，革新了传统的茶产品包装形式，利用插画的形式将非遗技艺融入画中。插画师把制茶的过程进行图像提取，利用现代插画的形式、技术等将图像运用在设计中，借此方式使得现代包装的色彩、形式、元素等都变得多样化。将制茶技艺以图像化的方式运用到包装设计上，使消费者更多地了解制茶技艺，让每一片茶叶都有自己的生命力。（图6-22）非遗冠山连翘茶包装运用现代插画方式走进人们的生活，用亲民的设计理念引起更多人的关注，从而达到非遗元素与创新理念相结合，实现非遗插画设计与茶旅产业的双赢局面。（图6-23）插画的力量虽然看似薄弱，但是从传统到现代，它都起着促进时代发展的作用。我们不能局限于插画的一些最基础的功能，而要了解基础功能背后的文化力量。小小的插画运用现代设计与传统非遗元素的融合，经过偶然或有意融合创造出新的设计理念，或嫁接新的载体，能将插画的生命力延长，让插画的传播更加广泛。（图6-24）

三、苏绣的创意范畴

苏绣是苏州地区具有代表性的工艺美术，对工艺美术史、民俗学、女性学等学科的研究具有重要价值。（图6-25）随着现代商品经济和科学技术的发展，电脑绣花技术得到普遍应用。在此情势下，苏绣的生存空间日益缩小，拥有高超技艺的苏绣传承人和高品质的苏绣艺

图 6-22　冠山连翘茶手提袋　戒备熊　　图 6-23　冠山连翘茶外包装封面　戒备熊　　图 6-24　冠山连翘茶内包装盒　戒备熊

术品越来越少,苏绣正面临着有序传承的危机,亟待抢救、保护。苏绣被称为指尖上的非物质文化遗产,它的刺绣手法、刺绣图案都被很好地传承,其内容孕育的文化内涵让人们产生无限的遐想。(图6-26)

苏绣是有温度、有故事、有内涵的技艺,它的存在助力了刺绣文化的传承。它以一种活态的方式记录苏州人的生活、文化的变迁,所以苏绣作为一门传统的非遗技艺,值得人们用这个时代的方式去更好地传承与发展它。(图6-27)

随着人们生活水平的提高,苏绣服装开始走进人们的生活,越来越多的设计师将传统苏绣手工技艺,通过"服装"这个最直接、最易被大众触及的介质呈现给大众。服装不单单是独立的物质产品,而且是传承非遗的载体及非遗传播的触媒(正向催化剂,加快反应速度的物质),让曾经默默无闻的传统手工艺开始走进现实,渐渐步入人们的视野,不断迈向时尚的圈层。例如,中国传统品牌"锦玺堂",作为传承苏绣工艺的中国品牌,它从多彩的现代美学文化中汲取可相融的苏绣元素,探索当代优雅与中国传统文化共融共生的制衣哲学。苏绣是旗袍的装饰元素,其背后蕴含的是厚重的中华历史和深刻的文化内涵。锦玺堂从中华传统文化中汲取养分,传承中华传统工艺,让"一针一线 绣美千年"的苏绣艺术回归现代时尚。设计师将荷花、牡丹、芍药等元素,通过不同款式、工艺等方式来呈现。荷花,清廉自持、高雅纯洁,如亭亭玉立的水中仙子,纤嫩娇柔,又如散发着淡淡清香的花中君子,出淤泥而不染,

图 6-25　旗袍上的苏绣　　图 6-26　传统苏绣作品

图 6-27　传统苏绣作品

图 6-28　锦玺堂旗袍

濯清涟而不妖。锦玺堂品牌把苏绣运用得淋漓尽致，指尖的一针一线都在编织着中国的非物质文化，一件件苏绣旗袍的加持，使得苏绣得到了很好的宣传，传统手工技艺也得到了传承。（图 6-28）

苏绣作为国家级非物质文化遗产，除了在服饰中得到广泛应用外，也越来越多地应用于家居空间的软装设计中。家庭空间布置的装饰性物品统称为家庭软装，有时也泛指家庭的纺织品。它是人们常见的家居用品，如地毯、靠垫、壁挂、窗帘、床上用品、家用布等布质装饰。随着人们生活水平的不断提高，对精神文化消费的需求与日俱增，对于家居空间的装饰已经不再局限于纺织品装饰设计，出现了"重装饰、轻装修"的设计风潮。苏绣在家居空间软装设计中发挥了装饰空间、营造氛围、传播文化的功能，并在整体布局、设计风格、色彩基调、形式美感等方面与空间硬装设计相结合。（图6-29）

四、端午节香囊

传统节日具有庆祝性和聚集性，从根本意义上而言，还具有审美性。为了庆祝，人们自发地利用民间艺术进行装饰品设计生产、祭祀用品展示等，如过年张贴年画、端午节佩戴香囊、中秋节赏月等。所以传统节日的庆祝活动成为民间艺术和大众审美滋生的土壤，一场传统节日活动就是民间艺术审美的大集合。传统节日的庆祝与聚集是凝聚人类历史文化与生活经历的精准"狂欢"，在节日活动中，人们能体验到团结之美，对美好生活的向往之美，对人生的思考体验之美，这些就是审美活动。杜威认为，从审美经验角度来看，所谓审美并非来自对特定作品的理解，而是一次完满的生活经验……在制作或感知时所体验到生活的完美程度，形成了是否美的艺术的区分。（图 6-30）

端午节又称端阳节、龙舟节等，是集拜神祭祖、祈福辟邪、欢庆娱乐及饮食为一体的民俗节日。端午节在每年的农历五月，五月气温上升，毒气盛行，百虫滋生，瘟疫流行，邪气最易侵袭人体，因此古人通过各种祭祀活动来达到驱邪、防病的目的。佩香囊也是其中重要的一环，既有民族文化的传承，也

图 6-29　苏绣室内装饰挂件

有现实的医疗保健作用。① 香囊承载着几千年的传统文化,展示了古人慢生活的优雅从容,以及对生活顺遂安康的祈盼。(图6-31)

香囊的由来可谓历史悠久,早在殷商甲骨文中就有熏燎、艾蒸和酿制香酒的记载,至周代就有了佩戴香囊的习俗。先秦时期,香囊已成为人们随身携带或悬挂于幔帐的重要饰物。随着时间的推移,香囊成为不同材质的装饰品,形式和内容、意义和价值等都会发生变化。凌云玉石是国内玉石材料品类的开创者之一,它运用传统工艺设计的玉石香囊,从形式、刀法上保留了传统工艺。传统刺绣香囊在绣法、形式等方面保留了原有的艺术语言,这为香囊的传承创造了环境,成为端午节特有的艺术语言。

端午节佩戴香囊的习俗,使香囊的受欢迎程度在现代社会中有所提升。现代的香囊用途和制作工艺与传统香囊相比有着很大的变化,香囊的用途除了守护健康以外,还有作为礼品送予朋友,祝福彼此。(图6-32、图6-33)它与非遗技艺相结合,作为非遗技艺传承的载体,与刺绣技艺、编织技艺相结合等,为香囊款式增加现代设计性,让它发挥更多的审美价值。(图6-34、图6-35)香囊在当代生活中不再是必需品,但是小小香囊的文化内涵是其他小物件都无法代替的。它已经不再是局限于驱邪、防病、保平安的物件。它不断与新时代的时尚挂钩,与新时代的设计构思相联系,与传统文化相结合,已经成为一个具有文化内涵且有特色设计的文创产品。

图6-32 白玉镂雕荷包式胶囊

图6-30 《慈禧对弈图》 图6-31 《玫贵妃春贵人行乐图》 图6-33 刺绣元素香囊 凌云玉石

---

① 阎艳.端午节俗源流及其变迁初探[J].内蒙古师范大学学报(哲学社会科学版),2007(5):117-124.

图 6-34　香囊中的刺绣技艺

图 6-35　香囊中的编织技艺

第四节 ｜ 案例分析：二十四节气——抽象概念到现实生活的诗与美

一、二十四节气的发展演变

二十四节气的发端与中国古人观测天象的活动密不可分。中国先民经过长期观察，发现日影长度在一年中呈现出特定的变化规律，于是开始尝试运用"立竿见影"的原理来判断四时更迭。正如《吕氏春秋·察今》所言："审堂下之阴，而知日月之行，阴阳之变。"考古学家在距今4000年前的陶寺遗址，发现了古观象台和带有刻度的圭表，证明孔子"用夏之时"的说法是有依据的。通常认为，至迟在殷商时期，中国古人已经能够通过圭表测日的方法来确定夏至和冬至。[①]二十四节气被誉为我国的"第五大发明"，早在上古时期，二十四节气就成为人们生活中必不可少的一部分，几

---

① 隋斌，张建军.二十四节气的内涵、价值及传承发展[J].中国农史，2020，39（6）：112.

千年来,一直深受劳动人民的重视,特别是对于黄河中下游地区的劳动人民而言,有着不一样的意义。中国是农业大国,二十四节气在中国的农业发展历史中扮演着重要的角色。

黄河流域是中国古代的政治、经济、文化和农业生产中心,从空间维度看,二十四节气起源于四季分明、农耕历史悠久、农业文明发达的黄河中下游地区,后传播至其他地区。从时间维度看,二十四节气是中国古代劳动人民在长期的农业生产和乡土生活中创造出来的时间节令。其发展演变有两大特征:一是时间的划分逐步走向精细化和制度化;二是逐步实现生产生活与时间体系的融合,并呈现出丰富多彩的文化表现形式。它作为时间刻度的基本功能,随着观测技术的进步和科学认识的深化而日臻完善。

2016年11月,在联合国教科文组织保护非物质文化遗产政府间委员会上,"二十四节气"顺利通过审议,成为中国第39项世界级非物质文化遗产。申遗成功后,更需要保护、传承这一文明,使其在新时代焕发新的生命。

二十四节气是先人根据天体运动并由之带来的气候、物候变化规律加以总结,并顺应天时、辅之一定的生产、生活实践的成果。中国人民一直追求"天人合一"的理念,讲究顺应自然、遵循自然的发展规律,二十四节气正是人民顺应气候来指导农耕的体现。[①]二十四节气是大自然给人们带来的福祉,它让人们更敬畏自然、顺应自然的变化来进行生活劳作的布局安排。二十四节气能成为世界文化遗产有自身的必然因素,从时间轴线、农业发展轴线上看都有重要意义。劳动人民总结出二十四节气后,利用它特有的属性生产劳作,并沿用至今。

二、二十四节气的内涵

二十四节气具有丰富的科学、哲学和文化内涵,包含着中国人的科学观、世界观和价值观。二十四节气包含着丰富的科学内涵,是中国古代科学实践的重要体现。中国古人通过"立竿见影"的方式,在持续性地测量日影变化的过程中,逐步掌握了日影长短与寒来暑往的关系,总结出周年变化及一年四季的时间转换规律。因此,二十四节气形成的根基在于对日影的科学观测和对四季变化规律的准确把握。二十四节气的形成,还与北斗运行、月亮运行、太阳运行、二十八宿度数、十二律长度、十二月令等有关宇宙和自然界的知识紧密关联,这在《淮南子》等众多古籍中可以找到佐证。[②](图6-36)

基于"天人合一"的思想和整体的宇宙观,古人认识到季节流转与气候变化、植物生长、动物繁衍生息和人们生活的内在联系及其规律。《管子》云:"故春仁,夏忠,秋急,冬闭,顺天之时,约地之宜,忠人之和。"古人意识到,时间推移的标志性时刻也是阴阳转化的关键性节点,于是,这种有关自然节律的科学认识就被巧妙地投射到个体生命与社会秩

图6-36 日晷上标注了二十四节气

---

① 宋亚培.二十四节气活态传承思考[J].合作经济与科技,2022(19):42.
② 陈广忠.《淮南子》与二十四节气的创立[N].人民日报海外版,2017-01-24(7).

序的结构之中。宇宙自然是大天地，人则是一个小天地。这种"因势而动、顺势而为"的时令哲学立足于人与自然和谐共生的观念认知，体现着中国人尊重自然规律和生命节律的哲学智慧。二十四个节气建构了一个四季轮转、循环往复、周而复始的时间系统，形成了一个变化的"圆"。各个节气的交替推动着阴阳的流转，中国古人对阴阳流转现象的哲学认识和生命体悟，深刻影响着我们千百年来的思维方式和行事准则。例如，古人云，冬至"是月也，日短至"，就是说冬至为"阴极之刻"，但它也是一个阴阳之变的关键节点，"阴阳争，诸生荡"，白昼开始渐长，因此冬至还预示着"阳气始生"之时即将到来。换言之，冬至既是阴气至盛之日，又是阳气升动之时，这种"阴阳流转"的观念塑造着中国人"福祸相依""否极泰来"的辩证思维和人生智慧，以及"天道均平""以和为贵"的社会生活理想，体现着中国人千百年来敬重自然的文化传统和道法自然的哲学思维。这里也能看到传统美学在二十四节气中的呈现，每个天象季节的变化，通过自然变化，获得节气变化，这个变化是自然之变，美自然诞生。二十四节气包含着深厚的文化内涵，是时间制度与文化体系的综合体。

二十四节气包含着口头文学、民俗节庆、人生礼仪等多种文化表现形式，是人们在长期的生产实践和社会生活中形成并世代相传的共识。经过长期的历史发展，有些节气还演变成为全国性的重大节日，其文化内涵变得愈加丰富。比如，位于仲春和暮春之间的清明节气，本意指该节气期间天气的澄澈景象，即"万物生长此时，皆清净明洁，故谓之清明"。这一节气随后演变成中国四大传统节日之一——清明节，文化含义变得更加丰富，包含着郊游踏青、插柳戴柳、祭扫坟茔、禁火寒食、放风筝、荡秋千、拔河、蹴鞠等众多习俗活动，蕴含着中国人报功修先、慎终追远、回归自然、亲亲之道与追求和谐等文化精神，塑造着我国各民族的文化认同。总之，二十四节气的突出特点是兼具自然和人文两大属性，并且人文内涵和自然时序密切相关。围绕二十四节气形成的习俗经过千百年的锤炼，承载着中国人敬重自然、睦邻友群的精神文化内核，形塑着中国人特有的符合大自然周期变化规律的文化特质，引导和规束着民众的思维方式和行为方式。[1]

"传统"是日常生活实践的主体，是流动的进程，不是静态的结果，因此它的存在本身表明了它具有不断适应和吸收新文化元素的能力和进程[2]。传统文化在时代的流动中，需要适应这样的规则，非物质文化遗产的传承也应发掘其物质功能与精神功能，并与现今的时代文化相融合，对现实生活产生一定的指导意义，丰盈人们的生活，助力社会的进步。新时代的民众作为当今时代文化传承的主体，使其接受并传承二十四节气文化，单纯的歌谣传颂似乎有些太流于形式，更多是朋友圈里的文化广告，内容是二十四节气，广告语是自己想表达的主题，起到朋友圈宣传广告的作用。二十四节气的文化传承与形式创新，关键在于发挥其巨大的生活影响力，才能够使民众欣然接受，在历久弥新后成为推动社会发展的潜在动力，实现活态永久传承的美好夙愿。然而，要达到这样的活态传承，重要的是当下社会大众对时代特性的认知和对非物质文化创新叙事形式的探索与追求。要被当下民众认同，就需要应用新时代的发展观念来理解二十四节气。[3]

---

[1] 隋斌,张建军.二十四节气的内涵、价值及传承发展[J].中国农史,2020,39(6):113.
[2] 张举文.非物质文化遗产与中国文化的自愈机制[J].民俗研究,2018(1):6.
[3] 王研霞.中国传统节气文化的图像叙事[J].包装工程,2021,42(10):237.

三、二十四节气文化的多元融合运用

1. 二十四节气文化与新媒体设计融合

二十四节气文化不同于其他传统文化，它既是二十四个独立文化，又是一个整体文化。就视觉设计来讲，以节气为主题开展系列设计，不仅能够进一步丰富节气文化内涵，还可构成真正意义上的品牌文化。设计二十四节气文化衍生品，不仅可以发扬中国传统文化，还可以产生良好的经济效益——文化价值转变成经济价值。这一价值的转化主要得益于科技的进步。手机功能越发强大，抖音、微信等平台的二十四节气文化沉浸式体验越丰富。

当前社会市场竞争愈演愈烈，人们总是期望可以有更多选择，单一枯燥的设计因为生命周期过于短暂，难以满足社会公众需求，因此，以需求为导向设计丰富多彩的视觉设计作品，并开展系列化与配套化设计，才能够切实满足社会公众多维度需求。基于交互绘本的二十四节气在视觉图形元素中的创新，可以引申出很多方面的意义。由此可知，节气的内涵不仅是单纯的节气，还是一种普遍的日常生活规律。在当今社会抖音、微信盛行阶段，二十四节气成为人们炫耀"文化身份"的手段，根据自己的广告宣传需要，借用二十四节气内容在朋友圈里创意策划，文案+图案成为特有的文化广告。朋友圈里借用二十四节气文化向朋友问好等现象，给二十四节气注入了特有的文化意义。（图6-37）

2. 二十四节气文化与平面设计融合

视觉图形元素设计可呈现不同时代的文化背景，通过将二十四节气文化与视觉设计、时尚元素有机结合，可以切实应对现代文化的巨大冲击。在传统与时尚密切结合的过程中，二十四节气文化与平面设计的融合主题越来越精彩，促使二十四节气文化拥有更加广阔的发展前景与独特的文化魅力。

二十四节气文化来源于生活，切实反映着人们生活的多个层面，所以平面设计元素的筛选也源于生活。若是单纯模仿视觉语言，将会造成二十四节气文化独有的特色与魅力消耗殆尽，所以须在保留二十四节气文化内涵的前提下，在平面设计中融入当今时尚元素，促使其与人们的文化追求相契合。高校、政府、企业等单位每年都有以二十四节气为主题进行的平面设计大赛。以二十四节气为主题进行平面创新设计，可谓是传承中国传统文化的主要手段。视觉元素设计可使人更加了解二十四节气，以新的方式与传统文化相结合，同时也打破人们对传统二十四节气的认知。用传统的内涵加入新时代的手段，打造出符合当代人审美的文化产品，可以被当代人所接受。读者既可以切身感受二十四节气中蕴藏的民俗文化，又可以调动想象力，从而获得更好的阅读体验。[①]

《辞海版现代汉语详解词典》将海报阐释为："张贴出来告知众人有关戏剧、电影等演出或球赛等活动的宣传品。"[②]《朗文当代高级英语辞典》将海报定义为："置于公共场所宣传某事的布告，通常配有图案。"[③] 可见无论在东方还是西方，海报都被视为置于公共场

---

① 黎佳乐,陶雨萱,曹纪坤.中国传统文化在视觉图形元素中的创新设计——以二十四节气为例[J].鞋类工艺与设计,2022,2(17):35-37.
② 《辞海版现代汉语详解词典》编委会.辞海版现代汉语详解词典[M].上海：上海辞书出版社,2021：436.
③ 英国培生教育出版有限公司.朗文当代英语辞典（英英·英汉双解）[M].北京：外语教学与研究出版社,2004：1099.

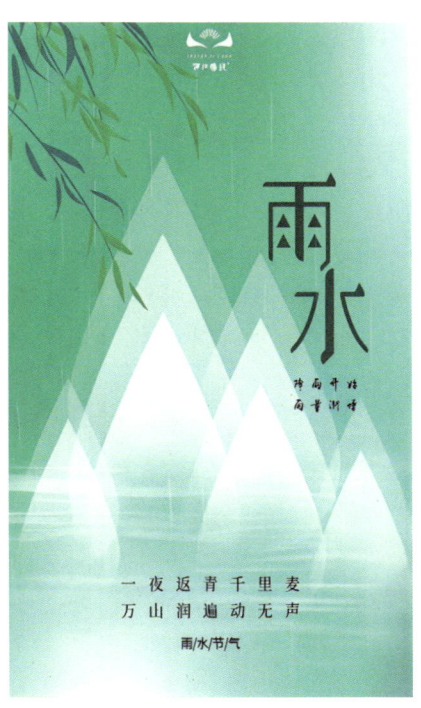

图 6-37　微信朋友圈里的二十四节气

所的图文制品，通过引起大众关注从而达到宣传目的的大众传播媒介。

海报凭借独特的唤醒力和艺术感染力成为一种大众化的宣传工具，是信息传达、交流的艺术。海报通过对图形、图像、文字、色彩等内容要素以及构图层次、网格编排、视觉线牵引、空间比例等版式要素进行设计整合，以恰当的形式向人们传递信息，借助自身强烈的视觉效果及独特的艺术风格，引起受众关注和思考。[①]二十四节气的海报宣传是传播二十四节气文化的手段之一，色彩的运用与文字的协调搭配，使得文化在传播过程中被更多的人所接纳，被更多的人所了解，使文化的传承和传播有着事半功倍的效果。如2022年北京冬奥会的开幕式倒计时中，就巧妙地运用了二十四节气与我国的著名景点或建筑相结合，形成一张具有中国韵味的倒计时背景海报。"随风潜入夜，润物细无声""春风如贵客，一到便繁华""天阶夜色凉如水，卧看牵牛织女星"……每一张节气背景图都配有一句脍炙人口的诗文，将中国人独有的浪漫，通过短视频与海报背景相结合的方式，传达给全世界。（图6-38）

3. 二十四节气文化与文创设计融合

在文创设计中，应用二十四节气文化需要深入了解其内涵，以助力人们在文明体系中找到心灵栖息地。这就需要从与节气相对应的语言释义中进行拓展，从而呈现出二十四节气文化当中"形与神"的关系。比如，表达立秋的节气文化就可以使用麦田的图景，体现秋收盛况，还可以将具有时代感与地方特色的元素融入设计作品中。文创设计并不只是简单地将文化内涵进行形象转化而已，而是应该从大众

---

① 苏镜如.融媒体视域下海报设计形态的转化研究[D].青岛：青岛大学，2021：8.

审美出发，基于对现代生活的感悟和对新颖思维方式的探索，对原有的内涵、色彩、语义进行再创造，从而避免设计的重复化与平庸化。二十四节气传统文化内涵与现代人的思维方式有着很大的出入，如何让二十四节气重新进入现代生活视野，是文创设计中急需解决的问题。二十四节气是在人们的生活中创造和发展而来，那么它也应该在人们的生活中被保护和传承下去。设计师在进行设计时要避免"博物馆式"保护的思维模式，要让其在大众的日常应用中传承下去，从而实现活态传承。

购买者希望在购买时有更多的选项，较为单一的设计满足不了顾客需求，会导致设计生命周期变短，投入与回报不成正比。在这种环境下，更需要系列化、配套化的设计，以便更好地满足顾客的选择需求。对于二十四节气来说，其文创设计可以进行元素提炼和概括化设计，先建立表达体系，再进行系列化创作，以便于系列化设计强化文化品牌。如将同一个设计图案运用到不同的产品上，如茶具、本子、便利贴等。也可以根据不同的文化含义进行二次创作，如以风土人情、传统故事为主题，设计出一系列的作品。又或者做系统性的周边设计，如餐具周边、文具周边、办公用品周边、服饰周边等。比较快捷且呈现效果较好的是将统一的视觉元素运用在同一系列的物品上，从而达到让顾客产生品牌印象的效果。当然，根据不同的场合、不同的对象，其系列化的设计方式也有很大的不同。这种整体视觉效果统一但又含有变化的系列化设计，不仅可以满足不同层次的人的需求，也能塑造文化形象，使二十四节气的传播更加丰富有力。对于二十四节气文创设计，设计师除了要深入了解中国的文化和观念，加强对传统文化的表达外，还要勇于创新，让其充满时代气息和丰富的视觉效果，从而让二十四节气文化渗透到人们的生活与精神当中，才能使文化得到真正的传承并焕发出新的活力。[1]

图6-38 冬奥会二十四节气海报

---

[1] 李琪，许丹桂. 中国二十四节气在文创设计中的创新应用与实践[J]. 红河学院学报，2023，21（1）：80.

四、美学中的二十四节气

审美文化作为以审美方式存在、凝结着人们情感体验的文化类型，具有"道"与"器"之间的中间性质，其形而上的、无形的"道"是借审美的、有形的"器"表征出来的，其形而下的、有形的审美之"器"则表征着无形的、形而上的"道"。[①] 当代审美文化是当代人们的审美实践、情感体验的结晶。

审美文化既包含传统的审美，又包含现代美学意义所赋予的审美。从广义的审美文化学角度看，我们不仅需要关注现代生活所产生的新兴审美领域，更需要我们将目光转向传统。中国是一个有着悠久文明与历史文化的古国，关注传统审美文化是当下学者不可推卸的责任，对传统审美文化的关注，使得我们有着更全面的目光去解读古人的思维观与价值观。[②]

1. 传统审美中的二十四节气文化

诗歌美育是指通过学习、欣赏诗歌之美来提高人的素质的美育活动。诗歌是一种高度集中地表现生活（客观的和主观的），饱含情感，富有想象，语言精练，具有鲜明节奏感的音乐美和分行排列的建筑美的文学样式。[③]

立春亦称为"打春""咬春"，又叫"报春"，"立"是"开始"的意思。（图6-39）

《京中正月七日立春》
〔唐〕 罗隐
一二三四五六七，万木生芽是今日。
远天归雁拂云飞，近水游鱼迸冰出。

翻译：数着一二三四五六七，万千树木发芽的日子就是今日。远方天边的大雁轻拂着云彩飞回，进出水边的鱼儿也迫不及待要破冰而出了。

图6-39 二十四节气插画之立春

---

① 范秀娟，等.非遗、认同与审美表征[M].上海：上海人民出版社，2022：（序言）3.
② 任今晶.二十四节气的审美文化研究——以诗歌为例[D].兰州：西北民族大学，2017：3-4.
③ 陈建民.美育十六讲[M].长沙：湖南大学出版社，2020：103.

立夏是象征夏季开始的节气。"万物至此皆长大，故名立夏也。"古人认为，春是天气下降，地气上升，天地和同，草木萌动；夏是天气下降，地气上升，天地始交，万物并秀。（图6-40）

《山亭夏日》

〔唐〕 高骈

绿树阴浓夏日长，楼台倒影入池塘。
水晶帘动微风起，满架蔷薇一院香。

翻译：绿树葱郁浓荫，夏日漫长，楼台的倒影映入了池塘。水晶帘在抖动，微风拂起，满架蔷薇惹得一院芳香。

立秋，"秋"就是指暑去凉来。到了立秋，很多树开始落叶，因此有"落叶知秋"的成语。秋季是天气由热转凉，再由凉转寒的过渡性季节。（图6-41）

《立秋》

〔唐〕 刘言史

兹晨戒流火，商飚早已惊。
云天收夏色，木叶动秋声。

翻译：从这天的早晨起，暑气消去，秋风阵阵而起。天阔云高夏色已收，树木在风中作响，是秋天的声音。

立冬，建始也，表示冬季自此开始。冬是终了的意思，有农作物收割后要收藏起来的含义，中国又把立冬作为冬季的开始。（图6-42）

《立冬》

〔明〕 王稚登

秋风吹尽旧庭柯，黄叶丹枫客里过。
一点禅灯半轮月，今宵寒较昨宵多。

翻译：等到秋风吹尽，旧庭树木，也就该到冬天了。树叶黄了，枫叶红了，我还客居他乡。夜里一盏青灯，窗外半轮秋月，伴我左右。立冬来了，今宵寒冷更甚昨宵了。

图6-40 二十四节气插画之立夏

图 6-41　二十四节气插画之立秋

图 6-42　二十四节气插画之立冬

诗歌中的二十四节气之美表达了人们对大自然之美和生活之美的审美认知。美文 + 美图自然形成阅读上的审美过程，在读、听、看的过程中让美流遍全身，形成美的视觉、听觉盛宴。生活不只是苟且，还应有诗和远方，这就需亲近美、接受美、思考美、感受美、体验美、创造美，这在诗歌二十四节气中有所体现。阅读诗歌，我们能感到美无处不在。二十四节气在长时间的历史演化过程中形成，不同的人对其美的理解不同，劳动生产者、工人、艺术家、教师等，他们都能从自己的视角歌颂二十四节气的传统美学，如教师，"一年之计在于春，一日之计在于晨"。春天悄悄地来了，万物复苏，春暖花开，春天给我们希望，也是孩子们成长和学习的好季节。

2. 现代审美中的二十四节气文化

"艺术"（Art）在西方文化体系中的解释为"人工造作"。它是自然形态在人头脑中的反映，是人对自然的加工改造和劳动生产。《现代汉语词典》（第七版）这样解释"艺术"：用形象来反映现实但比现实有典型性的社会意识形态，包括文学、绘画、雕塑、建筑、音乐、舞蹈、戏剧、电影、曲艺等。艺术作为满足人们多方面的审美和心理需要的社会意识形态，对人类精神活动有着巨大影响。

传统手绘艺术是设计者通过徒手或者借助尺规协助形式的手工绘画形式来传递设计理念的艺术表现形式。随着时代的不断演进，现代手绘艺术在定义、理念、功能、材料等各方面都呈现出多向和多元化的格局。手绘的原创性本质内涵并没有改变，其定义可以归结为"设计者在特定的时间内通过脑、眼、手结合的细密刻画甚至是寥寥数笔的物化形式或者借助其他技术和工艺手段制造完成的可视化的创意构思作品。这种艺术绘画形式以集艺术与工程技术于一体为前提，将图解思维作为理论支撑，是在启发创意、科学理性、艺术表达的协调过程中对方案的深入思考及美学释义"①。

现代手绘艺术为了满足人类不断增长的心理、沟通与审美需求，除了注重基本的描绘性和欣赏性外，更多强调审美功能、社会功能，以及信息传播和承载的艺术性及个性功能，并把这些功能融入生活设计中。② 吴冠英教授是杰出的艺术教育家、动画艺术家，中国风格动画与漫画艺术教育的开拓者，2008 年北京奥运会吉祥物"福娃"创作组主要成员，是五娃方案的最初提出者，他还完成了 2008 年北京残奥会吉祥物"福牛乐乐"的设计。他自己曾说："以平常心，观平常事，画平常物。"吴冠英教授用画笔帮助人们发现世间万物之美，从生活中观察动物的细微运动规律，自然节气的微妙变化，人物的神态动作，用画笔记录这一切变化之美，给观者留下深刻印象，这印象正是人们所追求的现代审美之美。吴教授没有追求传统中二十四节气的印象之美，而是通过现实生活寻找二十四节气在现代变化中产生的美学体系，用自己特有的语言创造二十四节气的美，"看他的画，再阴郁的心情也会透进阳光"。（图 6-43）

3. 多领域运用审美的二十四节气文化

2023 年立春夜，贵州茅台酒二十四节气春系列产品发布后备受业界关注。有别于以往的文化酒，24 款茅台节气酒仅限于巽风数字世界发售。（图 6-44）根据茅台公布的投放数量推断，立春节气酒总量不过 24 吨——数量不仅稀

---

① 曹胜慧. 数字媒体时代手绘艺术在环境设计中的应用研究[D]. 济南：山东师范大学，2016：7-8.
② 曹胜慧. 数字媒体时代手绘艺术在环境设计中的应用研究[D]. 济南：山东师范大学，2016：8.

图6-43 二十四节气系列作品 吴冠英

缺,而且美学价值高度聚集,成为茅台近几年来创意密度最高、数字融合最深的文化佳酿,"破圈"效应明显。

"天人共酿"让贵州茅台与二十四节气生生相息——铭刻在基因中的联系,这是贵州茅台推出二十四节气系列产品最为重要的内核因素。茅台的文化内涵,就是顺应二十四节气的农耕文明,酿造讲究顺时而为、应时而作、天人共酿,紧扣二十四节气,稍有一些偏差都会影响生产。茅台与二十四节气最主要的关联在于温度。酿造茅台酒最大的奥秘,就是顺应自然规律,按照老祖先留下的办法严格地把控好温度、水分操作发酵,顺应这二十四个节气不同的温度和气候。二十四节气传统美学与现代美学融入茅台节气酒中,形成特有的节气酒文化,它不仅是酒本身,更是文化美学的缩影。茅台不仅聚焦二十四节气本身,还让传统文化碰撞数字科技,用数字藏品的形式将二十四节气文化留存,形成年轻人喜欢的文化符号,将二十四节气文化带到更多年轻人的视野当中。(图6-45)

图 6-44　贵州茅台酒二十四节气春系列产品

图 6-45　贵州茅台酒二十四节气系列产品

参考文献

[1] 安丽哲.符号·性别·遗产——苗族服饰的艺术人类学研究[M].北京：知识产权出版社，2010.

[2] 贺琛，杨文斌.贵州蜡染[M].苏州：苏州大学出版社，2009.

[3] 杨再伟.贵州民间美术概论[M].昆明：云南美术出版社，2009.

[4] 周梦.贵州苗族侗族女性传统服饰传承研究[M].北京：中国社会科学出版社，2017.

[5] 蔡舒恒.沉浸乐购：体验式消费新浪潮[M].北京：机械工业出版社，2022.

[6] 童庆炳.艺术创作与审美心理[M].天津：百花文艺出版社，1992.

[7] B.约瑟夫·派恩，詹姆斯 H.吉尔摩.体验经济[M].夏业良，等译.北京：机械工业出版社，2002.

[8] 皮埃尔·布尔迪厄.文化资本与社会炼金术——布尔迪厄访谈录[M].包亚明，译.上海：上海人民出版社，1997.

[9] 沈泓.中国雕版 年画[M].贵阳：贵州教育出版社，2022.

[10] 瓦尔特·本雅明.机械复制时代的艺术作品[M].王才勇，译.北京：中国城市出版社，2002.

[11] 陈禺熹.展馆空间中非物质文化遗产展示的"情景还原"[D].北京：中国艺术研究院，2013.

[12] 肖慧琳.广西花山岩画的"非遗"文创产品包装设计[D].株洲：湖南工业大学，2018.

[13] 沈钦来.基于怀旧品牌营销策略下的荥阳柿饼包装设计研究[D].武汉：武汉纺织大学，2021.

[14] 柴彦宇.交互叙事视角下数字化夜游的沉浸式体验设计策略研究——以 Moment Factory "lumina"为例[D].无锡：江南大学，2021.

[15] 张涵.子潍坊风筝设计的审美元素与创新研究[D].哈尔滨:哈尔滨理工大学,2015.

[16] 杨仲文.复古怀旧风格在现代包装设计中的体现[J].包装工程,2017,38(12):208-210.

[17] 李斌,马红宇,李爱梅,等.怀旧的触发、研究范式及测量[J].心理科学进展,2015,23(7):1289-1298.

[18] 花建,陈清荷.沉浸式体验:文化与科技融合的新业态[J].上海财经大学学报,2019,21(5):18-32.

后记

本书的形成颇为艰难，从选题计划、资料搜集、撰写完稿到修订完善，经历了两年多的艰辛时光，现在终于与读者见面了。

非物质文化遗产是我国文化珍贵记忆的符号文化，是时间的一种姿态，它蕴藏着人类共同的生命历程和情感经历。在漫漫历史长河中，非物质文化遗产怎样才能与时俱进，保持长久的生命力，成为当下学者思考的问题。

书稿初期，选取了贵州省非物质文化遗产作为研究对象，与专家学者、出版社编辑多方沟通后，把研究对象放在全国性大众视野下呈现。各章节选取不同的非物质文化遗产类型项目为研究载体，学理与实践融合，课堂与企业共创，作品和市场结合，从多角度、多形态、多路径进行共生、共创、共赢，完成非遗创意再设计的过程。每章的研究主题不同，如技艺到记忆：怀旧新创意，个性到共性：沉浸式体验，内部到外部：产业新融合，生产到传承：内核续衍生，传统到现代：诗意与美学。各章所列举案例选取不同的非遗文化符号、不同的创意设计手法、不同的材质呈现效果等，通过案例展示，给读者留下不同的思考。

在本书的写作过程中得到许多专家、学者的指导。感谢恩师田军教授、SUPACHAI SINGYABUTH 教授、METTA SIRISUK 教授、PEERA、RKOM SANGIAMVIBOON 教授、WUTTIPHUNG 教授、谢维富教授、陈大举博士、王俊博士、崔荣华博士、吴敏博士、胡婷博士等给予的指导与帮助，感谢西南大学出版社龚明星、王玉菊、戴永曦三位资深编辑的支持和帮助，感谢马志壕、成果、张月、杨智、王红霞、陈露露、石利明、支永甯等为书稿收集资料，他们为书稿付出太多。在此，谨对所有帮助支持书稿编写工作的单位、专家学者、朋友表示最真诚的感谢！

书中部分案例、图例等来自网络，未经应允在此采用，实属无奈，除本人尽力与原作者联系之外，如有作者看到可与本书作者联系，望有关作者能从有助于培养人才、为教育事业奉献的视角给予支持和谅解，在此一并表示谢意！

十年树木，百年树人。人生能有几个十年？望学生在校珍惜时光、努力学习，毕业时有好的收获。启智载物，数年磨砺，此书即将出版，望本书能为学生创意思维的构建提供参考，助力地方文化经济发展，推进乡村振兴战略实施，为祖国75年华诞献礼。

袁洪业

2023年8月于贵阳花溪